国际篮联
篮球青训课程
（3~15岁）

国际篮球联合会　审定
国际篮球联合会中国区　编

人民体育出版社

图书在版编目（CIP）数据

国际篮联篮球青训课程：3~15岁/国际篮球联合会中国区编．－－北京：人民体育出版社，2023（2023.10重印）
ISBN 978-7-5009-6303-5

Ⅰ．①国… Ⅱ．①国… Ⅲ．①青少年－篮球运动－运动训练 Ⅳ．① G841.2

中国国家版本馆 CIP 数据核字 (2023) 第 126960 号

*

人 民 体 育 出 版 社 出 版 发 行
北京中科印刷有限公司印刷
新 华 书 店 经 销

*

787×1092 16开本 12.5印张 261千字
2023年8月第1版 2023年10月第2次印刷

*

ISBN 978-7-5009-6303-5

定价：80.00元

社址：北京市东城区体育馆路8号（天坛公园东门）
电话：67151482（发行部）　　邮编：100061
传真：67151483　　　　　　　邮购：67118491
网址：www.psphpress.com

（购买本社图书，如遇有缺损页可与邮购部联系）

编委会成员

主　　编：尼尔森·伊斯利（Nelson Isley）　　崔鲁祥
副 主 编：米兰·奥帕西奇（Milan Opacic）　　荣　霁
编　　委：戈兰·沃伊基奇（Goran Vojkic）　　魏丕来　　杨尚千
　　　　　刘光宇　　秦　聪　　罗　致　　朱一童
专业顾问：佩德罗·迪亚兹（Pedro Diaz）　　鲍勃·皮尔斯（Bob Pierce）
　　　　　张　骞

各方寄语

It is my pleasure to see how much FIBA China is committed for contributing to the development of youth basketball in China. Dedication to youth programs and basketball at grassroot level is a priority for the FIBA family. It is our mission to develop and promote the game of basketball, and bring additional resources to each country in good harmony with our members, the National Federations. I hope that the publication of the FIBA China Youth Training Curriculum will support this development by further emphasizing FIBA's standards and understanding of training the youngest players.

Patrick Mariller
FIBA Chief Operating Officer

我很荣幸地看到国际篮联中国区为中国青少年篮球发展而付出的努力与贡献。青少年与基层篮球的发展一直是国际篮联大家庭的重中之重。发展与推广篮球项目，并协同我们大家庭的各成员（各国家与地区篮球协会）一起将最好的篮球资源带到各地，是国际篮联的使命之一。

我希望通过《国际篮联篮球青训课程（3~15岁）》的出版可以帮助大家更深入地了解国际篮联标准，以及对青少年篮球培训的见解。

帕特里克·马赫里耶
国际篮球联合会首席运营官

篮球运动被引入中国至今已有一百二十余年，老一辈与新生代的篮球人对其运动规则、运动表现和运动科学方面进行了不断探索和研究，为中国篮球的发展打下了重要且夯实的基础。中国作为人口与地理面积的双料大国，拥有着庞大的篮球人口。易开展、群众基础强的特点也使篮球成为我国第一大团队体育运动项目。

　　篮球的热度不只体现在群众层面，中央到地方各级政府对职业队与国家队的政策与经费支持，足以看出国家各层领导人对篮球项目的重视和期盼。经过各界领导与专家人士的不断努力，中国成功主办了北京2008年奥运会和多届男子篮球亚洲锦标赛（现称为男子篮球亚洲杯）。

　　提到这里，我们不得不回顾一下在华举办的2019年国际篮联篮球世界杯。这四年一届的世界篮坛最高级别赛事为中国篮球带来了前所未有的发展机遇，此次赛事首次由主办国八个城市共同联合承办，毫无疑义地成为有史以来最成功的一届。大家的辛勤努力与付出有目共睹，同时也得到了国际篮联以及全世界各界人士的高度认可。正是通过该届男篮世界杯的成功举办，国际篮联的高层领导们意识到篮球在中国的普及度与重视度。国际篮联中国区的成立是2019年国际篮联篮球世界杯的宝贵赛事遗产，该组织将不断为中国篮球的发展做出努力与贡献。这些举措旨在推动中国篮球在全球舞台上的影响力，为我国年轻的篮球人才提供更广阔的发展平台。

　　篮管中心作为2019年男篮世界杯、国际篮联中国区的官方支持单位，一直以来给予国际篮联旗下的赛事和教练员培训项目大力的支持。期间，我也与国际篮联中国区的同事们不断探讨如何通过国际篮联的平台与资源帮助到中国基层和面向青少年队员的教练员进一步获得提高。《国际篮联篮球青训课程（3~15岁）》的出版正是为了进一步提升教练员们的专业水平，让他们更好地适应国际篮球的体系和标准，为培养更多的年轻球员奠定坚实基础。希望本书的问世将帮助他们更加深入地了解国际篮联标准的篮球体系，掌握最新的训练方法和战术理念。通过学习和实践，能够为年轻球员提供更科学、更系统的训练，培养出更多具备国际水平的篮球人才。

在此，我向所有关心、支持并参与《国际篮联篮球青训课程（3~15岁）》编写和编撰工作的人表示衷心的感谢！相信通过全国各界人士的共同努力和奋斗，中国篮球将在世界舞台上绽放光彩！

王 玄
国家体育总局篮球运动管理中心主任

I would like to congratulate FIBA China for their hard efforts in the research and development of FIBA China Youth Training Curriculum. This will be a valuable resource for coaches who are dedicated to youth training programs in China. I believe with the guidance of this teaching material, coaches should be able to help young players with not only improving their basketball skills, but also establishing their sportsmanship and right value.

Patrick Hunt
Chairman of FIBA Technical Commission
President of World Association of Basketball Coaches

感谢国际篮联中国区在《国际篮联篮球青训课程（3~15岁）》编写过程中的辛勤努力。这对于专注中国青少年篮球项目的教练员来说是一个宝贵的资源。我相信，在这本书的指导下，教练员不仅能够从篮球技术上帮助年轻球员提高，而且可以帮助他们培养体育道德精神和树立正确的人生观与价值观。

帕特里克·亨特
国际篮球联合会技术委员会主席
世界篮球教练员协会主席

Preface

Basketball is a sport that I love and one that has captured the hearts of millions of people worldwide. Its popularity continues to grow rapidly, particularly in China, where there is a pressing need to focus on the development of young players, coaches, and officials. Basketball provides young people with an opportunity to learn important life skills and positive values that will stay with them along the way.

In my coaching and instructing career I was lucky enough to visit more than 150 countries around the world and assist them with their basketball programs. Although I grew up in the USA and finished high school and college there, played for LSU, and even being drafted to NBA by Buffalo Braves later on, but I've never played professional basketball in USA. After finishing my playing career, I did a large number of programs for the IOC's Olympic Solidarity program throughout the world and am currently a member of the Executive Board of the WABC. I ultimately elected to focus on coaching at the international level, leading some national teams, and conducting coaching education courses in multiple countries. Basketball in China has taken significant steps in terms of development on the grassroots level with a special emphasis on youth programs. This has resulted in a marked increase in the popularity of this sport and an accompanying demand for qualified coaches and officials. To meet this challenge FIBA China has partnered with World Association of Basketball Coaches (WABC) to create an all-encompassing guide to coaching young basketball players and coaches. WABC, the largest global organization of basketball coaches, is committed to advancing the highest level of coaching education and development.

This book is the result of the combined efforts both of a team of veteran coaches and top young prospect coaches. Drawing upon our extensive knowledge and experience in coaching and development, as well as our practical experience in China, we provide sage advice and insightful guidance for coaches focusing on youth training programs (age 3-15 years). Each chapter delves into the details of physical and mental development, specific coaching techniques, and training methods that are best suited for that age group. Additionally, the book discusses the essence of coaching philosophy, the importance of effective communication skills, and the significance of nurturing a positive learning environment.

We believe that this book will prove to be an indispensable resource for anyone engaged in coaching youth basketball, whether at the grassroots or elite level. By following the guidance and employing the techniques outlined in this book, coaches will be able to cultivate players who do not only possess the skills and knowledge needed to triumph on the court but also the character and values necessary to succeed in life.

Nelson Isley
FIBA/WABC Instructor

序

  篮球是我十分热爱的一项运动,也是全球数亿万人热衷的运动。其受欢迎程度在逐年迅速增长,尤其是在中国。中国有着庞大的篮球受众群体,青少年篮球运动员、教练员及裁判员的发展也进一步得到了更多的社会关注。篮球不仅为年轻人提供了锻炼身体的机会,更为他们学习重要的生活技能和树立积极的价值观提供了契机,会让他们受益终身。

  在我的执教和授课生涯中,我曾有幸访问了全球150多个国家和地区,并协助他们开展一切有关篮球的活动。我生长在美国,顺利完成高中和大学学业后,为路易斯安那州立大学男子篮球队效力,随后被NBA的水牛城勇士队选中。在结束我的运动员生涯后,我最终没有选择在美国开始我的职业生涯,而是为国际奥委会的奥林匹克团结计划的推广和实施,在世界各地开展了许多项目。目前我作为世界篮球教练员协会的执委员会成员,专注于执教那些参加国际大赛的国家级别队伍,并在多个国家和地区开展教练员培训课程。

  中国篮球基层水平的发展已取得了重大成果,尤其是青少年板块。这促使该运动的受欢迎程度有着显著的增长,由此伴随而来的是对高水平教练员和官员数量的需求。为了应对这一挑战,国际篮联中国区与全球最大的篮球教练组织世界篮球教练员协会合作,编写了这本全面指导青少年球员和针对该年龄段球员教练的训练指南,就如世界篮球教练员协会的宗旨所示"始终致力于推动与助力世界教练员的执教水平与发展"。

  本书由资深教练及朝气蓬勃的年轻教练团队共同努力创编。根据各编委会委员自身执教和工作方面的广泛知识和经验,结合中国的实际发展情况,为专注于青少年(3~15岁)年龄段的教练员提供深层次的建议和指导。每章均从身体和心理发展的细节、特定的执教技巧和最适合该年龄组的训练方法展开说明。此外,本书还讨论了成为合格教练员的要素、掌握高效沟通技巧和培养积极学习环境的重要性。

我们相信，本书将成为每一个青少年篮球教练员学习所需的宝贵资源，无论是在基层还是精英水平。通过遵循本书中提供的指导和运用所述的技巧，教练员将能够培养出不仅在球场上拥有取得胜利所需的技能和知识，而且在生活中具备取得成功所需的品格和价值观的队员。

尼尔森·伊斯利

国际篮球联合会 / 世界篮球教练员协会　主讲师

前言

篮球运动现已成为全世界最受人们喜爱的运动项目之一。人们在观赏篮球运动的同时，越来越多的爱好者参与其中，体验打篮球的无穷乐趣。为适应新时代青少年多元化篮球运动技能习得需求，受国际篮球联合会委托，教材编写组通过设计框架、调查研究、查阅资料、书稿撰写、修订完善等过程，历时两年编出了《国际篮联篮球青训课程（3~15岁）》一书。本书将青少年（3~15岁）划分为3~4岁、5~6岁、7~8岁、9~10岁、11~12岁和13~15岁6个年龄段，以青少年篮球兴趣培养为宗旨，以教会青少年"打篮球"为基本目标，力求设计与年龄段相符的篮球训练方案。

本书遵循青少年（3~15岁）身心发展和篮球运动规律，注重每个年龄段基本运动技能和篮球运动技能的开发与设计，力求以简洁的语言、直观的图示呈现科学、实用、丰富、系统的训练方案。本书编写过程中主要遵循以下特点：（1）科学性、客观性。重视基本运动技能的内容设计。基本运动技能是青少年篮球运动员在未来篮球运动领域获得成功所需的更复杂的动作构成要素，同时也为其他运动项目奠定了身体素质基础。重视篮球基本技术动作及其运用，所选择的技术动作符合不同年龄段孩子的发展水平，并使其能在有限制的条件下运用这些技能。（2）趣味性、系统性。在训练课的组织安排上，力求训练的趣味性，突出游戏性的练习。另外，"基于比赛"的教学训练始终贯穿各个年龄段，突出实战性，更利于技术动作的运用和攻防概念的形成，有效帮助孩子们建立系统性的动作技能。（3）实用性、可操作性。全书内容丰富、语言通俗易懂，在每个练习过程中均通过练习图示结合文字说明的形式呈现，便于读者理解与掌握。

本教材由崔鲁祥、魏丕来、荣霁参与设计、列目、修改、定稿的全过程，并由荣霁和魏丕来担任统稿工作。参加本书编写工作的成员有崔鲁祥、魏丕来、荣霁、杨尚千、刘光宇、秦聪等专家。各专家撰写书稿的分工如下：魏丕来（训练建议）、荣霁（第一章、第六章）、杨尚千（第三章、第四章）、刘光宇（第二章、第五章）、秦聪（各章节的比赛训练部分）、崔鲁祥（附录）。

  最后，感谢国际篮球联合会教练委员会为本书的编写所提供的帮助，也感谢人民体育出版社为本书的编辑及出版所做的大量工作，期望青少年朋友、家长及中小学教练员在使用本书后有所收获。尽管编者团队反复讨论，几经修改，但由于水平所限，不当之处在所难免，敬请读者批评指正！

国际篮联青训课程（3~15岁）编写组

2023年4月12日

目 录
CONTENTS

训练建议 ·· 001

第一章　3~4岁年龄段篮球教学训练指导 ·· 004

　第一节　训练提示 ·· 004

　　一、教学训练理念 ·· 004

　　二、身心特点介绍与指导 ·· 004

　　三、基本运动技能 ·· 005

　　四、教学训练指导 ·· 006

　　五、教学训练方法 ·· 006

　　六、教学训练设计 ·· 007

　第二节　训练方式 ·· 008

　　一、控制球和运球训练 ·· 008

　　二、抛接球训练 ·· 012

　　三、投篮训练 ·· 015

　　四、急停和起动训练 ·· 017

　　五、转身训练 ·· 022

　第三节　篮球身体素质与练习方法 ·· 024

第二章　5~6岁年龄段篮球教学训练指导 ·· 029

　第一节　训练提示 ·· 029

- 一、教学训练理念 ··· 029
- 二、身心特点介绍与指导 ··· 029
- 三、基本运动技能 ··· 030
- 四、教学训练指导 ··· 031
- 五、教学训练方法 ··· 031
- 六、教学训练设计 ··· 032

第二节　训练方式 ··· 032
- 一、控球和运球训练 ··· 033
- 二、传接球训练 ·· 035
- 三、投篮训练 ··· 038
- 四、上篮训练 ··· 040
- 五、急停和起动训练 ··· 042
- 六、转身训练 ··· 044
- 七、防守训练 ··· 045
- 八、比赛实战训练 ·· 047

第三节　篮球技术动作与练习方法 ·· 048

第三章　7~8岁年龄段篮球教学训练指导 ································· 054

第一节　训练提示 ··· 054
- 一、教学训练理念 ·· 054
- 二、身心特点介绍与指导 ·· 054
- 三、基本运动技能 ·· 055
- 四、教学训练指导 ·· 056
- 五、教学训练方法 ·· 058
- 六、教学训练设计 ·· 058

第二节　训练方式 ··· 060
- 一、基本运动技能训练 ·· 061
- 二、球性和运球训练 ··· 063
- 三、传接球训练 ·· 066
- 四、投篮训练 ··· 069

五、上篮训练···071

　　六、急停和起动训练···073

　　七、转身训练···074

　　八、进攻训练···077

　　九、防守训练···080

　　十、快攻训练···082

　　十一、比赛指导··084

　第三节　篮球技术动作与练习方法···086

第四章　9~10岁年龄段篮球教学训练指导···090

　第一节　训练提示··090

　　一、教学训练理念···090

　　二、身心特点介绍与指导··090

　　三、基本运动技能···091

　　四、教学训练指导···092

　　五、教学训练方法···093

　　六、教学训练设计···093

　第二节　训练方式··095

　　一、基本运动技能训练···096

　　二、球性和运球训练··098

　　三、传接球训练··101

　　四、投篮训练···105

　　五、上篮训练···106

　　六、急停和起动训练··108

　　七、转身训练···109

　　八、进攻训练···112

　　九、防守训练···114

　　十、篮板球训练··116

　　十一、快攻训练··118

　　十二、比赛指导··120

第三节　篮球技术动作与练习方法 …………………………………………… 122

第五章　11~12岁年龄段篮球教学训练指导 …………………………………… 126

第一节　训练提示 …………………………………………………………… 126

一、教学训练理念 ……………………………………………………… 126

二、身心特点介绍与指导 ……………………………………………… 126

三、基本运动技能 ……………………………………………………… 127

四、教学训练指导 ……………………………………………………… 128

五、教学训练方法 ……………………………………………………… 128

六、教学训练设计 ……………………………………………………… 129

第二节　训练方式 …………………………………………………………… 130

一、控制球和运球训练 ………………………………………………… 130

二、传接球训练 ………………………………………………………… 131

三、投篮训练 …………………………………………………………… 134

四、上篮训练 …………………………………………………………… 136

五、持球突破训练 ……………………………………………………… 138

六、防守训练 …………………………………………………………… 140

七、基础配合训练 ……………………………………………………… 142

八、比赛实战训练 ……………………………………………………… 143

第三节　篮球技术动作、战术配合与练习方法 …………………………… 144

第六章　13~15岁年龄段篮球教学训练指导 …………………………………… 150

第一节　训练提示 …………………………………………………………… 150

一、教学训练理念 ……………………………………………………… 150

二、身心特点介绍与指导 ……………………………………………… 150

三、基本运动技能 ……………………………………………………… 150

四、教学训练指导 ……………………………………………………… 151

五、教学训练方法 ……………………………………………………… 152

六、教学训练设计 ……………………………………………………… 153

第二节　训练方式 …………………………………………………………… 153

目 录

　　一、组合技术训练 ··· 154

　　二、低位技术训练 ··· 158

　　三、攻防战术基础配合训练 ··· 162

　第三节　篮球技术动作、战术配合与练习方法 ································· 166

附　录　篮球训练计划（3~15岁） ··· 170

　篮球训练计划（一） ··· 171

　篮球训练计划（二） ··· 172

　篮球训练计划（三） ··· 173

　篮球训练计划（四） ··· 174

　篮球训练计划（五） ··· 175

　篮球训练计划（六） ··· 176

　篮球训练计划（七） ··· 177

　篮球训练计划（八） ··· 178

训练建议

随着国家对于小篮球运动重视程度的不断提高，少儿篮球训练正变得越发重要。各大俱乐部每年都会报名参加小篮球比赛，在比赛中不断培养孩子各个方面的能力，希望他们通过比赛成绩来充分证明自己。那作为教练员，在日常训练中又是如何进行的呢？

一、训练要有趣味性

教练员要努力创造或营造趣味的训练氛围，使孩子们在跑跑跳跳地玩耍中享受篮球运动带来的快乐，学习新的事物。根据他们活泼好动、愿意交友的天性，教练员应有意识地安排一些娱乐性、合作性强的练习或游戏。

教练员安排的活动需要从孩子们能够做到的基本运动能力或水平开始，使他们愿意参与。在此基础上再提出稍高一些让孩子经努力能够达到的要求，使他们保持注意力，在活动的过程中体验成功的感觉。

教练员要采用积极乐观的方式来鼓励孩子，要有意识地保持一种积极的状态来感染他们。当孩子们表现特别好或是出现进步的时候，要通过不断的表扬来肯定他们的成绩。无论孩子们取得的成绩大小，都要及时给予鼓励，而且这种鼓励要表达得客观具体。

二、训练要充分考虑到安全性

教练员在训练开始前应认真检查场地和器材，以确保孩子们在训练中的安全。如果发现场地上有湿滑区域（水、灰尘）或障碍物等，要及时进行清理或清除。如果球场与墙壁、看台或其他障碍物之间没有足够的间隙，可在球场内用锥桶标记出一条"边线"。

教练员安排的游戏或练习应适合孩子们的技能水平、经验和生理成熟度（适合成人的活动不一定合适幼童），采用的练习应尽量降低孩子们被碰撞或摔倒的概率。在分组练习时，应考虑孩子们体质和生理成熟度的差异，按孩子们的相似特征分组。

教练员在训练中，要安排孩子们定时饮水，保持其体内的水分。鼓励孩子们在训练前先吃一点零食，以确保他们精力充沛地参加训练，孩子们还应在训练后摄入少量的碳水化合物以帮助恢复。

教练员决不可以嘲笑孩子，也不允许孩子们相互嘲笑。要随时关注训练中出现的屈辱行为，并及时制止。要创建一种相互支持、相互合作的氛围，使孩子们以平和的心境和积极的情绪投入训练。

三、训练要注重发展基本运动模式

幼儿阶段是人类动作发展的最佳阶段。教练员要充分利用幼儿动作发展的敏感期，以篮球运动为依托，合理地设置训练课的内容，通过科学的动作训练，为幼儿动作发展（开发）奠定基础，以利于之后的动作技能学习，更快地达到最佳的动作水平。

幼儿基本运动模式技能有两大类，即位移技能和物体操控技能。位移技能包括跑、蹦、跳（单脚跳、双脚跳、垫步跳、马步跳、跨步跳等）、滑步等基本运动模式；物体操控技能包括控球、接球、传球、投球、下手抛球等基本运动模式。

教练员必须清楚孩子们能做到的基本运动技能的程度，从能够做到的基本运动技能学习开始，并在反应、区分、平衡、定向、手眼协调等方面进行训练。最初的篮球训练重点应放在控球、传接球和投篮方面。

四、训练过程要循序渐进

训练应当按照幼儿认知发展顺序进行，训练内容的安排应由易到难，训练方法和组织形式应由简到繁，运动负荷应由小到大，在此基础上突出重要的环节和内容。

教练员在安排训练内容和组织教法时，要先安排比较简单的，再安排比较复杂的。在学习比较简单内容时，要考虑到为下一步比较复杂的内容做准备。

在训练中，易和难、简和繁取决于动作协调性的要求程度和运动负荷的大小。同一个动作对于身体素质不同的幼儿是不同的，如同一年龄段幼儿身体素质好的掌握动作就快一些，身体素质和条件差一些的掌握动作就比较困难。因此，安排训练内容和组织教法时，要考虑到幼儿自身的特点、条件和练习时的安全性，注意区别对待，充分利用有利条件，加快学习进程。

教练员在循序渐进的训练中要突出重点，要根据训练内容的特点和要求，抓住其中基本的、关键的、困难的内容或环节重点训练。例如，位移技能训练时，要在保证平衡的前提下，让幼儿展示跑、跳、滑等动作，重点训练幼儿脚步的灵活性和身体的协调性。在物体操控技能训练时（如运球、传接球、投篮），要重点突出手法和身体协调用力。

五、训练的内容要有直观性

篮球训练中的直观手段，主要有教练员的动作示范、语言直观讲解、技战术挂图、录像等。篮球运动是以争夺球为中心，涵盖跑、跳、投等综合性的运动，技术动作既有时间要求，又有空间要求。教练员正确运用直观性演示，可以使小队员获得语言难以表达的生动形象，感知到技术动作细节，加深对技术动作及其运用的理解，有助于培养他们的学习兴趣，激发思维活动，发展智力，提高训练效果。

在训练中，教练员要根据训练内容和小队员的年龄特征，正确地运用直观形式，使其建立完整的动作概念。例如，教练员可根据需要选用完整动作示范、分解动作示范、正面或侧面示范、错误动作示范、动作正误对比示范、重点环节示范等。此外，教练员还应注意直观示范要与讲解相结合。训练中的直观，不是让小队员自发地看，而是在教练员的指导下有目的地观察，教练员通过提出问题，引导小队员把握技术动作的关键，发现动作环节之间的联系，理解技术动作在比赛中的运用，并通过讲解以解答他们在观察中的疑难问题，使其获得对技术动作较全面的感性认知，从而更深刻地掌握动作方法及其运用。教练员可采用让小队员先观察，从观察中发现正确的动作方法及其动作的运用；也可先讲述动作方法及其运用，然后通过练习加以验证；还可以在边讲解边示范中让小队员感知动作方法及其运用。

除了直观形式和直观与讲解相结合以外，在训练中的言语直观也不可忽视。教练员应该用语言作生动的讲解，形象的描述，给小队员以感性认识，以利于形成生动的表象或想象。

第一章
3~4岁年龄段篮球教学训练指导

第一节 训练提示

3~4岁是幼儿发育的关键期，是形成安全感和乐观态度的重要阶段。训练时要注意幼儿的体态，帮助幼儿形成正确姿势；应保证有健康的饮食和充足的睡眠；发展幼儿平衡能力、动作协调性和灵敏性；应有意识地创造机会（穿珠子、夹豆子、用剪刀等），发展手部精细动作，促进手部的细致发展。3~4岁幼儿可从某种"基本运动技能学习"开始，并在反应、区分、平衡、定向、手眼协调等方面进行训练。

此外，每个年龄段应有各自适用的不同大小的篮球和不同高度的篮板。每个年龄段应重点选择涉及身体和小道具等的游戏活动进行训练，以引起孩子的练习兴趣。在篮球训练方面，教练员必须清楚地了解孩子们"会做什么"和"他们还能做什么"之后，才可进行篮球技术训练。这个年龄段孩子们学习的重点是控球、传接球、投篮。

一、教学训练理念

3~4岁年龄段的目标是通过以积极有趣的方式引起孩子们的兴趣，让他们在篮球运动中获得乐趣。教练员的职责是保证每一个孩子都能获得成功的乐趣，在培养他们兴趣的同时，让其学会与同伴更好的相处。在篮球运动技能学习中，要重点关注孩子的平衡能力和感知能力，如跑跳和抛球，通过不断学习来提高他们的身体素质。通过对基础的巩固，尽可能使他们在后期的成长过程中激发身体全部的潜能。教练员要引导孩子朝正确的方向学习，努力确保所有的孩子能够完成指定的训练，让他们学到好的训练技巧。

二、身心特点介绍与指导

（1）他们的感知能力不成熟。
（2）他们的注意力集中时间比较短。
（3）他们更喜欢模仿动作。

（4）他们在适合的运动中才能获得乐趣。

（5）首先要掌握基本的运动技能，为学习篮球技能打好基础。这些技能不会随着孩子年龄的增长而发生变化，而是取决于他们的天赋、比赛经验和环境。

（6）重点提高基本的运动技能，如跑、跳、抛球等。这些运动技能是进阶完成组合动作、复杂动作的基础。

（7）设计能让他们感到有趣的活动，在进行游戏时要以非竞争性、参与性和体验感为准则。

三、基本运动技能

这个年龄段的主要训练目标是发展出多种基本运动技能，这些基本运动技能是篮球技能习得所必备的动作基础。规划技能训练时，活动的设计要能够充分展现基本运动技能。

基本运动技能	技能	定义及动作讲解
技巧类	走	走是在向前或向后移动的过程中把重心从一只脚转移到另一只脚，两臂随着两脚的移动前后协调摆动
	跑	跑类似走，但双脚能够同时离开地面腾空一段时间，包括慢跑、冲刺、追逐、躲闪
	躲闪	躲闪是快速的、具有欺骗性的变向动作。做躲闪动作时，要膝关节弯曲，迅速转移身体重心，向侧面移动
	跳	跳可分为三个部分：起跳、腾空和落地缓冲。落地缓冲是首先要学会的重要技能
	单脚跳	单脚跳是一种冲刺动作，能够很好地发展动态平衡能力。发力脚蹬地向前跳跃，双臂向上摆动，异侧腿向后摆动发力，落地时膝关节弯曲，全脚掌着地，重心下降，双臂下垂
	垫步跳	垫步跳是一种跑跳结合的动作，一只脚做垫步动作，随后另一只脚迅速蹬地，可通过不同的步法和节奏变化提升协调能力
稳定类	落地	落地是一项需要学习的重要技能，落地时膝关节弯曲，全脚掌着地，重心下降，双臂下垂
	平衡	平衡包括静态和动态两种。静态平衡是在一个固定的位置保持一种想要的动作（如体操中的倒立）；动态平衡是在空间移动中对身体的控制。所有的运动都需要平衡，平衡的控制来自有效的身体姿势和肌肉收缩与舒张
	旋转	旋转包括各种各样的运动模式，需要身体通过空间和围绕身体中心轴移动，包括扭转、滚动、旋转和自转等动作
控制类	抛接球	抛球和接球是互补的技能，但它们的运动重点有很大的不同。在接球过程中通过眼睛跟踪球的移动，当球接近身体时，双手控制住球；抛球则是将球抛向既定目标的一种技能
	按拍球	用手向下按拍球，并能控制向上弹起的球

四、教学训练指导

（1）通过教授、演示，以及安排跑、跳、抛、接、踢、爬、拉、伸展、弯曲、扭转及调动身体部位的大量活动，持续强化小朋友们的运动技巧，用正向的语言进行鼓励，并挑战进阶的活动。

（2）通过设计安排针对性的活动，和小朋友们一起练习分解动作和完整动作。

（3）制定安全规则。

（4）正向激励，不可用大喊、惩罚等负面的反馈。

（5）任务的目标设定要可实现，并且有一定的挑战性。制订训练计划时，教练要进行诊断和评估，确保孩子们能够体验到成功，有助于提高他们的兴趣，增强动力。

（6）幼童的专注力还在发展过程中，不能够同时专注于多个目标，因此，设定的训练目标要单一、简单。

（7）当和小朋友们讲话时，需要下蹲，做一个可以交流的姿态，保持眼睛平视。

（8）在训练或者活动中，避免排队等待，要让小朋友们都动起来。

（9）要尊重小朋友个体，要记住并叫出他们的名字。

（10）训练中多以口头的指令和表达可以增强与师生间的交流，要少用口哨，只在比赛情况下使用。

五、教学训练方法

在这个年龄段，要让小朋友们从玩中体验，多去经历游戏和比赛，了解篮球游戏，学习进攻和防守的特定技巧，然后再从整体到部分去学习。

早期阶段推荐整体的教学方法，重视粗大动作的发展，重点培养小朋友们在大的群体环境下获得篮球带来的更多的乐趣。

设定训练目标时，须清晰地了解所教授的内容是否能够让小朋友们发挥出他们最大的能力并且能够综合地运用到运动中，最终让他们能够在实时比赛中对所学的东西进行灵活运用。

教学方法要有趣味性，这样小朋友们才愿意去执行和完成。

训练执教原则如下：

（1）必须要有一套具有教育性的运动训练方法，通过具体的方法去完成既定目标。

（2）需要执行的目标任务尽可能以综合性的方式展现出来。

（3）除了传统的训练方法以外，还要有创新和自己的执教特点。

（4）从整体到具体，从简单的任务开始，慢慢增加难度。

（5）先让小朋友们感受到任务的挑战性，然后再掌握技能知识。

（6）站在小朋友们的角度去理解和看待他们。

（7）任何教练员设计的目标任务都必须是能够给整个小朋友群体带来最好的结果。

（8）教练员需要参与到活动中并及时对任务进行反馈。

（9）时刻对每一个小朋友的表现进行评估。

（10）对于小朋友的训练活动要有耐心，不能急于求成。

这个年龄段的小朋友还不能掌握精细化的篮球技术动作，所以在设计活动时，教练员必须寻求能够包含多种动作结合的训练任务：（跑、传、扔、抛、跳等），特别是比赛中的协作与对抗，去引导竞争，从而形成让小朋友愿意去做的动力。

设计更多改变规则或环境的比赛和游戏，如增加篮球数量、篮筐数量、队伍数量、运球次数等。另外，还可以把小朋友接触和学习过的游戏结合到篮球游戏当中，不需要过多地解释游戏规则和内容，让小朋友们能够更快地融入游戏中。

六、教学训练设计

当教练员面对这个年龄段的小朋友时，最重要的是组织管理。因此，有必要多花时间，特别是在第一天，明确规则、组织好课堂、组织好队列、讲解规则，最终形成一系列能够提高课堂效率及小朋友积极性的日常行为规范。

教练员可以运用的日常行为规范案例如下：

（1）在课堂开始时，所有小朋友坐在中圈等待。

（2）在每次游戏结束时，让小朋友返回中圈去倾听下一个活动的内容和要求。

（3）让他们轮流负责组织管理。

（4）以小组形式组织分配小朋友，让他们合作一周，一个月或者一个季度。

（5）每次训练后补水。

考虑到这个年龄段注意力容易分散的情况，日常行为规范越多，课程效率就会越高。

教练员可以把一堂篮球课分为以下三个模块：

（1）开始模块（10分钟）：这包括训练的介绍和行为要求。

（2）主要模块（30~40分钟）：在这个模块，教练员会高强度地去执行本节课的核心计划。

（3）放松模块（10分钟）：在这个模块，教练员会执行一些依据训练强度大小而制订的放松计划。

教练员必须掌握课程的高效时段，小朋友们会很容易疲劳，所以最佳训练时长跨度不能超过40分钟。在课堂中，会有一条强度弧线从小到大再到小，教练员要利用这个规律去制订课程计划。

在第一模块中尝试去激活小朋友，并且把主要的内容放在接下来的主要模块上。这样小朋友可以更容易去接受教练员即将教授的东西，然后在最后的模块进行放松。

第二节 训练方式

本年龄段的训练方法应当以游戏为重点，以技术动作练习为辅助。根据他们身心发展特征和篮球学习目标，教练员在训练中应当有意识地将其他技能和篮球技能技巧兼容。

如果是在没有球的情况下进行训练，教练员可以指导小朋友们做一些跑、单脚跳、急停等游戏或比赛活动；如果是在有球的情况下进行训练，运球可以是主要目标，并且可以设定停球、起动、换手等活动。

游戏及训练的内容主要包括：控制球、运球、抛接球、投篮、急停、起动、转身。

一、控制球和运球训练

控球 / 运球		
需要考虑的技能要点 1. 手指指根以上部位接触球 2. 不要击打球，用手指、手腕按拍球 3. 保持抬头，目视前方 4. 运球于体侧部位，球的落点控制在脚外侧 5. 通过改变手触碰球的位置去改变球的方向		
技能分类	训练活动	训练图解
运动技能 跑 停 平衡 跳 篮球技能 控球 运球 抛球 接球	（一）我说你做 1. 学习目标 在一定空间范围内使用不同的移动技巧进行练习 2. 活动设置 （1）每一位队员在一个固定点上，可以是圆锥、固定点位或是圆环内，确保队员之间保持安全的距离间隔 （2）教练员示范讲解跳跃、跑动、平衡的技巧和方法，并发出"走"或者"停"的指令或信号，引导队员开始移动或停止 （3）当教练员发出"走"或"跑"的指令后，队员开始以走或跑的形式开始移动，且不能出界，活动的前提是需要保证队员应在安全的活动范围内开展；当教练员发出"停"的指令后，队员应当立即停止移动，并在原地等待下一步指令；当教练员发出"返回"的指令时，队员应当立即回到原点 （4）操控性目标。确保每名队员都有自己固定的位置，并为每人准备一个训练专用软球，队员应将球放置在他们的脚尖前，当教练员发出"开始"的指令后，队员可以进行环绕、抓起、抛起再接住、踢球等	

续表

技能分类	训练活动	训练图解
运动技能 跑 停 平衡 跳 篮球技能 运球 急停	（二）绿灯红灯 1.学习目标 （1）在规定的范围内跑动并快速停下 （2）对声音及动作指令进行反应 2.活动设置 （1）队员站在同侧边线外，并保持安全的距离间隔 （2）展示给队员如何在"绿灯"时开始起动加速，如何在"红灯"时停住 （3）当教练员举起绿色的目标时，所有队员开始跑动；当教练员举起红色的目标时立刻停住 （4）队员可以用手运球、转动球，或者用双脚运球	
运动技能 平衡 控制 篮球技能 运球 控球 抛球 接球 转身	（三）像我这样做 1.学习目标 （1）控球和运球训练 （2）抛接球训练 2.活动设置 （1）用标志桶等物品围成一个圆，所有队员每人手持一球 （2）讲解示范动作技巧，队员要重复这个动作 （3）通过不断变换动作，增加或降低难度，帮助队员习得动作技巧	
运动技能 跑 躲避 跳 篮球技能 运球 防守	（四）渔夫抓鱼 1.学习目标 运球改变方向，寻找空位，躲避对手 2.活动设置 （1）所有队员（鱼）在底线站成一排，渔夫将在场地中用标志桶设置大门（网），大门之间保持适当的距离 （2）听到教练员说"走"，所有的鱼将尝试到达另外一边的底线，所有的鱼必须穿过大门 （3）渔夫只能在两个标志桶之前的线上移动，并尽可能尝试去抓鱼 （4）被触碰到的鱼将变成新的渔夫	

续表

技能分类	训练活动	训练图解
运动技能 跑 躲避 跳 转动 篮球技能 运球 防守 三威胁姿势	（五）站姿触碰 1.学习目标 在一个限定范围的场地里进行躲避对方，要求三威胁的站姿 2.活动设置 （1）安排所有的队员在一个区域内站立，用标记桶在适当的位置设置一个门 （2）教练员安排一个或多个队员进行抓人，当教练员说"开始"的时候，作为抓人的队员将尝试去触碰其他自由的队员 （3）如果抓人的队员碰到某一个队员，被碰到的队员将要执行指定的姿态（三威胁——双脚站立姿势防守） （4）被触碰到的队员可以通过同伴执行教练员规定的要求释放自己（触碰身体部位、传球、以及其他动作） （5）当教练员说"站姿"时，所有队员停住，同时执行教练员的动作要求（三威胁防守姿势防守）	
运动技能 跑 灵活性 篮球技能 持球 变向	（六）持球淘汰 1.学习目标 提升移动灵敏性，寻找空位 2.活动设置 （1）所有队员每人一球，确保每两个队员之间有足够的安全距离，距离空间取决于人数和游戏的难度 （2）一名队员在指定区域持球（之前是运球），等待指令 （3）当教练员说"开始"，该队员要抱着球去抓其他队员，移动的时候要求做一次运球 （4）当一名队员被抓到淘汰后要去指定的区域休息（底线） （5）当所有队员都被抓到以后游戏结束 3.要点 可以适当增加难度，队员在追逐过程中，可以要求运球一次或两次	
运动技能 跑 平衡 冲刺 跳	（七）吃豆人 1.学习目标 （1）持球移动，移动中可以做双手或者单手的运球 （2）在狭小空间内移动时保持好平衡 2.活动设置 （1）所有队员每人一球，确保每两个队员之间有足够的安全距离，距离空间取决于人数和游戏的难度	

续表

技能分类	训练活动	训练图解
篮球技能 控制球 运球	（2）当教练员说"开始"，一名队员要持球去抓其他剩下的队员，移动的时候要求做一次或者两次运球 （3）队员只能在球场的线上移动（可以是篮球场上的边线端线，或者是场地上其他的线） （4）当一名队员被抓到，他们就交换身份	
运动技能 跑 灵活性 躲避 抓 篮球技能 控制球 变向 变速	（八）兔子尾巴 1.学习目标 （1）控制球练习，抬头观察对手 （2）灵敏，躲避，快速移动 2.活动设置 （1）所有队员备有一个篮球和一条围巾在腰上。准备一个装满围巾的袋子，放在所有队员都能看到的地方。确保每两个队员之间有足够的安全距离，距离空间取决于人数和游戏的难度 （2）当教练员说"开始"后，所有队员在场地上快速移动并想办法去拿到其他队员腰上的围巾 （3）如果队员拿到了围巾，他们需要把围巾放进袋子里 （4）如果队员的围巾被拿掉了，他们可以去从袋子里重新取一条围巾绑在腰上	
运动技能 全方位 身体 运动	（九）运球接力 1.学习目标 （1）运球 （2）团队合作 2.活动设置 （1）把队员分成四路纵队，在边线设置4个起点标记，每个点之间相距4步远。在每个点正前方10米远的位置设置折返的点。从起始点4步远的每个圆圈内放1个篮球 （2）当教练员说"开始"时，每组的第一名队员要跑去把球从圆圈中捡起来 （3）拿到球后，队员要绕着对面的标记点跑一圈，并将球放回圆圈内 （4）该队员将跑向下一名队员，与他击掌后，后者将做同样	

续表

技能分类	训练活动	训练图解
篮球技能 控制球 运球 变向	的训练，直到该组全部完成 3. 要点 可以要求队员每次折返点要完成两次运球，如果能够完成，可以增加运球次数	
运动技能 跑 协调性 加速 冲刺 **篮球技能** 控制球 转身 变向	（十）传送带 1. 学习目标 练习控球能力，提高身体协调性 2. 活动设置 （1）将队员分成两组，每组 5 人，起点处放置 10 个球，设定 5 个传送点 （2）听到开始口令或者哨声，第一名队员快速在起点拿球移动，递交给第二名队员，第二名队员递交给第三名队员，以此类推，最后一名队员把球放置在指定的位置，递交球后要快速返回指定地点。哪一组先完成则成为获胜方 3. 要点 （1）递交球不能失误，接到球后可按教练员指令做后转身或前转身起动 （2）可以适当增加难度，如移动中要求做一次或者两次运球，或者增加障碍物	

二、抛接球训练

抛接球
需要考虑的技能要点 1. 用手指去触球 2. 手在球的两侧 3. 球放在胸口位置 4. 双臂伸展，拇指向下 5. 接球时双手伸出，手肘微微弯曲，手指指向天空，两手拇指相对

技能分类	训练活动	训练图解
运动技能 投掷 抓取	（一）向对方射击 1. 学习目标 练习不同的投掷和接取目标物的方法	

续表

技能分类	训练活动	训练图解
篮球技能 抛球 接球	2.活动设置 （1）利用垫子、锥桶或球场线等去建立一个分隔的"墙"，来分出两块区域；把队员分成两组，可以通过穿着不同颜色的分队服来区分 （2）示范讲解如何使物体转移到另一边（扔、踢、轻拍） （3）每名队员携带一件物品（软球、气球、沙包、海绵等） （4）当教练员说"开始"的时候，每一组捡起自己身边的所有物体，扔到另一边 （5）可以增加游戏难度，将软球抛向对侧，对侧队员尝试接住球	
运动技能 投掷 抓取 平衡 篮球技能 传球 接球	（二）10个数成功 1.学习目标 练习不同的投掷、接球、踢球方式 2.活动设置 （1）队员按组分散开，每组1个球 （2）示范讲解如何用手传接球 （3）讲解示范如何用脚传接球 （4）队员完成每一次成功的传球后，要大声喊1个数，喊到10完成	
运动技能 投掷 抓取 平衡 篮球技能 传球 接球 运球	（三）爆破 1.学习目标 传球给目标位置 2.活动设置 （1）所有队员每人一球并站在一条线后面（半场线），随机在不同的距离设置高锥桶，队员之间要保持一定的安全距离 （2）当教练员说"开始"，队员投掷出球尝试去打翻面前的锥桶 （3）投掷完后队员要去把自己的球捡起来，运球回到线后面再去打翻更多的锥桶	
运动技能 投掷 抓取 变速 变向	（四）耍猴 1.学习目标 （1）传球给目标位置 （2）接住传球 （3）对球的控制，寻求合适的传球机会 2.活动设置 （1）用4个锥桶设置一个矩形区域，每两个点之间相隔4~5	

续表

技能分类	训练活动	训练图解
篮球技能 　传球 　接球 　控制球 　滑步	步的距离；每一个点上站一个进攻的队员，中间站一个防守队员作为猴子 （2）当教练员说"开始"后，站在点上的队员要传球给队友。与此同时，防守队员要想办法去触碰球 （3）一旦防守队员碰到球，就交换角色	
运动技能 　跑 　急停 　抓取 　平衡 篮球技能 　传球 　接球	（五）我扔你追 1. 学习目标 快速起动接球，并将球传出 2. 活动设置 （1）教练员在底线将球滚向三分线或半场，队员必须跑出去接球，然后尽快回传给教练员 （2）接球时，两膝弯曲，臀部下沉，双手迎球，注意控制身体平衡 （3）将球持于胸前，随机顺势将球传出，提高传接球技能水平 （4）人与球同时出发，球未出三分线外不许碰球	
运动技能 　转动 　平衡 篮球技能 　传球 　接球	（六）击鼓传花 1. 学习目标 通过传接球练习反应能力 2. 活动设置 队员围成一个圈，教练员发出"开始"口令，队员马上快速手递手递交球，教练员通过击鼓或击掌的方式掌握递交球的节奏，当击鼓或击掌突然停止，游戏结束，球在哪个队员手中，这个队员要表演节目 3. 要点 （1）教练员可根据队员之间的熟练程度，适当加大两人之间的距离 （2）教练员适当改变口令，预防队员提前预判 （3）传球方向也需适当改变，帮助队员学会适应	
运动技能 　跑 　抓取 　灵活性	（七）手递手传球 1. 学习目标 在快速移动中接球，练习行进间接球，提高灵活性 2. 活动设置 教练员和队员互动完成，教练员从指定的起点跑到队员身前，到了能够接球的距离，队员把球交给教练员，教练员接球后做后转身，队员跑到指定地点后折返回。依此反复练习	

续表

技能分类	训练活动	训练图解
篮球技能 传球 接球	3. 要点 （1）递交球位置要适中，递交球后，要求接球人要做出后转身动作 （2）练习熟练后，可增加原地运球等待接球人的动作和主动向接球人移动运球的动作	
运动技能 转动 抓取 平衡 篮球技能 传球 接球	（八）双手接龙传球 1. 学习目标 强化球性、球感练习 2. 活动设置 队员并排站立成一横排，间隔20cm左右。从队伍左侧开始，第一名队员双手拿气排球，然后向右转身双手手递手传球给右边的队员，按照这样的顺序依次向右传递，到最后再依次双手手递手向左传回来。可以分成两组进行比赛 3. 要点 （1）传球的时候身体转动，脚不动 （2）一定要双手手递手，尽量不要让球落地 （3）传球时，动作扎实，尽量迅速	
运动技能 跑 下蹲 灵活性 抓取 篮球技能 传球 接球	（九）移动接球 1. 学习目标 通过在移动过程中接球，提高对球的控制能力 2. 活动设置 教练员在底线将球滚向三分线，队员必须跑出去捡球，然后尽快将球递交给教练员。这有助于练习变向、速度、步法和敏捷性。重复10次，并鼓励队员加快速度 3. 要点 （1）注意滚球的速度要适中，不能太快，也不能太慢，要使队员能够跟上球滚动的速度 （2）随着时间推移，可以适当增加难度，滚2球或3球 （3）队员可以捡球后放在原地，马上去捡移动中的另一个球	

三、投篮训练

投篮
需要考虑的技能要点 1. 指根以上部位接触球 2. 投篮手位于球后面，辅助手在球的一侧 3. 膝关节微曲

续表

技能分类	训练活动	训练图解
运动技能 　跑 　扔 　接 篮球技能 　投篮 　运球 　起动 　停止 　控制球 　传球	（一）投篮比赛 1.学习目标 （1）运球后投篮 （2）传球 2.活动设置 （1）将所有队员分成3队，每队一球，在离篮筐相等距离的地方放置3个标记点，所有队伍在标记点后面排队，第一名队员持球 （2）当教练说"开始"时，每队的第一名队员将运球到篮下投篮 （3）投篮完成后，运球返回并将球传给下一个队友，后者将做同样的练习 （4）传球后，回到队尾	
运动技能 　跑 　扔 　接 篮球技能 　投篮 　起动 　急停 　接球	（二）亲子投篮 1.学习目标 强化队员的投篮动作 2.活动设置 教练员自然站立，两臂体前平举，屈肘屈腕，形成一个"篮圈"，或手持一个圆圈做"篮圈"。队员原地投篮，可以根据实际情况安排2~3组练习，每组投进4~8球 3.要点 （1）根据队员的实际，确定原地投篮的距离和"篮圈"的高度 （2）当队员投篮相对稳定时，可适当提升"篮圈"高度或者加大队员与"篮圈"的距离	
运动技能 　跑 　扔 　接 篮球技能 　投篮 　运球 　起动 　急停 　接球	（三）投篮接力 1.学习目标 完成一定数量的投篮，并取得一定的分数 2.活动设置 将队员分成两组，每组排头拿1个球，2分钟内用单手打板投篮的方式进行投篮接力，投进最多的组获胜，可以安排1~2轮 3.要点 （1）必须手递手传球，投完篮后迅速抢篮板 （2）队友投篮时其他队员可以给予鼓励，遵守规则，站队有序	

续表

技能分类	训练活动	训练图解
运动技能 　跑 　扔 　接 　跳 **篮球技能** 　运球 　持球 　跨步 　起跳 　投篮	（四）跳呼啦圈 1. 学习目标 通过上篮步法练习，强化投篮动作 2. 步骤 根据上篮的步幅设计呼啦圈的摆放位置，模拟上篮步法，最后可以放置垫子，让队员起跳落到垫子上，可以根据实际情况安排 2~4 组 3. 要点 （1）注意动作的协调和对身体的控制 （2）在不熟练时可以放慢速度，或通过分解动作来完成 （3）熟悉后结合运球、持球和投篮进行练习	

四、急停和起动训练

急停和起动
需要考虑的技能要点 1. 练习急停 2. 急停后双脚落地，与肩同宽，两膝微屈 3. 双手持球，控制球

技能分类	训练活动	训练图解
运动技能 　跑 　停 　平衡 　跳 **篮球技能** 　运球 　起动 　急停 　控制球	（一）红绿灯 1. 学习目标 （1）在给定空间内快速移动并快速停止 （2）开始运球，避免走步 2. 活动设置 （1）所有队员在球场的一边站立，确保相互之间的安全距离 （2）讲解示范当听到"绿灯"时如何起跑 （3）讲解示范当听到"红灯"时如何急停 （4）可以以有球或者无球的方式进行	
运动技能 　跑 　停	（二）镜子 1. 学习目标 （1）运球 （2）起动、急停	

017

续表

技能分类	训练活动	训练图解
篮球技能 运球 急停 起动	2. 活动设置 （1）所有队员在球场的一边排好队，确保相互之间的安全距离 （2）教练员做起动和急停的动作（有球或无球），队员尝试模仿 （3）有些动作可以在没有球的情况下进行，如训练运动技巧 （4）有些动作可以在有球情况下进行，如练习篮球技巧	
运动技能 跑 停 平衡 跳跃 **篮球技能** 运球 急停 起动	（三）过独木桥 1. 学习目标 平衡训练，运球 2. 活动设置 教练员利用训练圈，拟成独木桥，设定距离不少于10米，队员分两组比赛，在整个加速跑的过程中不可以踩到圈外，整个过程在保持平衡的前提下，快速运球通过。第一名队员通过独木桥后，第二名队员开始移动，首先完成的一方获胜 3. 要点 若运球不够娴熟，可采取抱球的方式进行，训练篮球技巧	
运动技能 停 平衡 跑 **篮球技能** 运球 急停 起动	（四）沿线行走 1. 学习目标 踩线运球，保持平衡 2. 活动设置 以篮球场为活动区域，分成两组，分别站在边线和中线交点处。教练员告知队员沿着球场上的一条边线移动，不允许走偏，移动到端线篮下立柱后返回，直至重新移动回起点位置，第二名队员起动，首先完成的一方获胜 3. 要点 通过让队员专注于一条线不断提高注意力，保持其自身的平衡感	
运动技能 跑 停 平衡 跳	（五）跳数字 1. 学习目标 强化运球、跳跃能力 2. 活动设置 队员站成一个圈，听见教练员喊"开始"时，先做好准备，在队员中间放一个圆圈道具，听见教练员喊"1"，立即跳	

续表

技能分类	训练活动	训练图解
篮球技能 运球 急停 起动	入1号圈圈内，听到教练员喊2，立即跳入2号数字内，谁做得慢便受到惩罚 3.要点 （1）教练员要在适当的时机发出数字口令，要求队员做出（跳跃、跑动、平衡等）动作，并引导队员开始移动或静止 （2）通过运球跳入圆圈内，增加队员的球性、球感练习，提高篮球技能	
运动技能 停 跑 平衡 跳 篮球技能 急停 起动	（六）青蛙跳 1.学习目标 学习跳跃，提高弹跳力，增强腿部力量 2.活动设置 以篮球场限制区边线为开始位置，在对侧用胶带贴一条平行的白线。教练员做青蛙跳示范，起初时两线之间间距较短，根据队员的情况进行调整，也可通过奖励引领队员集中注意力进行练习 3.要点 （1）双脚同时发力，重心降低，稍前倾 （2）完成阶段目标后，可适当增加两边线的距离，增强队员腿部力量及身体协调性	
运动技能 跑 停 平衡 篮球技能 急停 起动	（七）障碍跑 1.学习目标 学习躲避障碍物 2.活动设置 将队员分为两组，分别设置3个障碍物。当听见教练员喊"开始"时，采取跨过或绕过的方式通过障碍物后再进行折返，与下一名队员击掌后再进行接力 3.要点 （1）起动敏捷，迅速绕过障碍物，注意不要推倒或碰倒障碍物 （2）教练员可根据队员的自身情况设置并调整障碍物之间的距离，使其得到充分学习	
运动技能 跑 跳 停 平衡	（八）跳圈圈 1.学习目标 学习跳跃动作，包含双脚跳与单脚跳 2.活动设置 （1）用白色胶带在篮球场上粘贴数个圆圈，并以两个标志筒为起始端与结束端，纵向排列的圆圈采用双脚跳，横向排列的圆圈采用单脚跳	

技能分类	训练活动	训练图解
篮球技能 起动 急停	（2）将队员排成一列，当教练员喊"开始"时，按照圆圈摆放的位置进行双脚或单脚跳，过圈后快速移动将标志筒放倒，随后返回 （3）回来后与下一名队员击掌，快速起动、跳跃，再重新将标志筒立起来，交替进行 （4）可以分成两组进行接力比赛 3. 要点 双脚起跳时，重心降低，眼睛目视前方；单脚跳时保持身体平衡，避免摔倒	
运动技能 跑 平衡 篮球技能 跨步急停 跳步急停 起动 加速跑	（九）木头人不许动 1. 学习目标 学习篮球跨步急停与跳步急停，练习反应能力 2. 活动设置 所有队员围成圆形，教练员站在中间。教练员喊口令"一二三"时，所有队员快速向前加速跑，听到"木头人"时快速急停，了解规则以后根据情况要求队员用规定动作停下，如跨步急停和跳步急停 3. 要点 （1）教练员采用不同的节奏下达口令，防止队员对口令进行预判 （2）教练员口令的方式可以多种多样，如模仿动物、数字口令等	
运动技能 跑 反应 篮球技能 防守 起动 急停 变向跑 变速跑	（十）老虎尾巴 1. 学习目标 学习篮球防守姿势，提高反应能力 2. 活动设置 队员每人在短裤后面塞一条丝带，就像一条"老虎尾巴"，在规定区域（如半场，队员越少，区域越小）内跑动。队员可尝试窃取其他同伴的"尾巴"，收集尾巴最多的队员获胜 3. 要点 （1）所有人不允许越过三分线与端线组成的椭圆区域，出去者视为淘汰 （2）在进行游戏时，如果队员丢失了尾巴，可以用自己收集到的尾巴作为替代	

续表

技能分类	训练活动	训练图解
运动技能 　跑 　反应 篮球技能 　防守 　起动 　急停 　跨步	**（十一）看谁先碰到立柱** 1. 学习目标 通过快速移动提高反应力 2. 活动设置 队员面对教练员站好，根据教练员向左或向右运一次球，快速跟随移动一大步，然后快速和教练员比赛谁先碰到立柱 3. 要点 （1）尽量保持规范的防守姿势，也可两人一组同时反向进行 （2）在做防守姿势时，双手打开，上体保持正直。	
运动技能 　跑 　反应 篮球技能 　防守脚步 　起动 　急停 　跨步	**（十二）比比谁手快** 1. 学习目标 锻炼控制重心能力，并提高手眼协调和快速反应能力 2. 活动设置 队员与持球的教练员一臂距离面对面站立，当看到教练员移动手中的球时，就向球移动的方向快速伸手触摸球，然后快速收回。30秒内触碰球多的队员获胜 3. 要点 （1）手臂快速伸出收回，注意力集中 （2）快速移动时，外侧脚用力蹬地，保持动作连贯性	
运动技能 　跑 　反应 篮球技能 　抢断 　起动 　急停	**（十三）看谁先抢到球** 1. 学习目标 培养规则意识，锻炼抢球反应 2. 活动设置 当看到教练员抛出的球后，队员要立即奔跑去抢球，先抢到球的队员将球放到筐中即为获胜 3. 要点 （1）要遵守游戏规则，注意力集中 （2）抢球过程中不允许有推、拉等动作，要采用合理的动作进行抢球 （3）可以采用两队比赛的形式，或者两人多次进行抢球的形式	

五、转身训练

转身
需要考虑的技能要点
1. 学会保持一只脚不动，另一只脚可以自由移动（向前、向后或向侧）
2. 能够有意识地做转身动作
3. 可以让球尽可能远离防守人，通过转身保护球
4. 避免单纯的转身练习，可以把这个技能与其他技能结合到一起进行练习

技能分类	训练活动	训练图解
运动技能 扭转 跑 反应 加速 **篮球技能** 转身 运球 急停 起动	（一）绿灯红灯 1. 学习目标 （1）在规定的范围内跑动并且在快速停下 （2）对声音及动作指令进行反应 2. 活动设置 （1）所有队员位于同侧，在线的后面设置标志，确保队员之间有足够的安全距离 （2）教练员讲解示范如何在"绿灯"时起动加速 （3）教练员讲解示范如何在"红灯"时急停 （4）当教练员举起绿色的目标时，所有队员快速起动，当教练员举起红色的目标时急停 （5）队员可以做运球、转动球，或者用双脚运球 （6）可以让队员停球后进行转身，增加训练的内容	
运动技能 跑 跳 平衡 扭转 **篮球技能** 跳步急停 转身	（二）我说你做 1. 学习目标 在一定空间范围内使用不同的移动技巧进行练习 2. 活动设置 （1）每名队员在一个固定的点上站立，可以是圆锥、固定点位或圆环内，确保相互之间保持安全的距离 （2）教练员讲解示范（跳跃、跑动、平衡）并对队员发出"起动或者急停"的指令，引导队员开始移动或停止 （3）当教练员发出"转身"的指令后，队员保持中枢脚不动进行转身（如把中枢脚放在塑料圆垫上）	
运动技能 旋转 平衡	（三）站姿触碰 1. 学习目标 （1）通过躲避对手练习，提高反应能力和灵敏性 （2）熟悉三威胁姿态 （3）强化转身技术动作	

续表

技能分类	训练活动	训练图解
篮球技能 转身 三威胁	2.活动设置 （1）所有队员都要在指定的范围内练习 （2）教练员指定一名队员作为抓人者 （3）当教练员说"开始"时，抓人者要尝试去抓别人 （4）如果抓人者抓到别人，被抓的人将会一直转身，直到队友来营救	
运动技能 旋转 控制球 **篮球技能** 转身 传球 接球	（四）背对背转身传球 1.学习目标 强化对于转身及传球动作的学习 2.活动设置 队员站成两排，背对背站立，2人一组，左右和背后的间距各30cm左右，每组1个球。计时1分钟，听到哨声响起，队员的一脚不动，两人同时向异侧转动把球传给身后的队员，传出球后转回原位，然后两人再同时转到另一侧进行下一次传接球 3.要点 （1）传球时，球尽量不要落地 （2）两名队员也可以转向不同的方向，一个向左转一个向右转，然后传接球 （3）两人之间要相互配合，将球传至让对方接球舒适的位置	
运动技能 旋转 移动 抓 **篮球技能** 转身 控制球 滑步	（五）小螃蟹转身 1.学习目标 学习转身动作 2.活动设置 队员一路纵队站好，听到口令后，模仿小螃蟹的步伐走三步做一次转身，横向移动至立柱。以比赛的形式看谁先完成 3.要点 （1）两膝微曲，双臂微曲 （2）转身时，双手在标志点拿球、持球，重心降低 （3）到立柱后，转身回到标志点，放下球，转身横向滑步三步，下一名队员继续移动	

续表

技能分类	训练活动	训练图解
运动技能 旋转 移动 篮球技能 转身 持球	（六）看谁保持时间最长 1. 学习目标 练习转身，培养队员坚持不懈的意志品质 2. 活动设置 队员围成一圈，当教练员发出"1"的口令后，队员要迅速做转身动作；当教练发出"2"的口令后，迅速转回，其他时间保持静止不动 3. 要点 （1）两膝微曲，上体前倾，不要弯腰 （2）转身时，重心降低，目视前方	
运动技能 旋转 跑 冲刺 反应 篮球技能 转身 起动 加速跑	（七）石头剪刀布 1. 学习目标 锻炼反应能力 2. 活动设置 两名队员相对站立，以猜拳的形式分出胜负，获胜方要立即转身跑向边线，在其到达边线之前猜拳输的一方追逐获胜方并触及即算胜利 3. 要点 （1）遵守规则，反应要快 （2）也可以换成赢的队员抓输的队员	

第三节　篮球身体素质与练习方法

为使孩子们的篮球技能向规范化方向靠近，现将该年龄段篮球身体素质的练习方法加以介绍。一方面是帮助孩子们提高身体素质，逐渐养成正确的篮球技能，规范基本动作模式；另一方面也为年轻教练员在训练中提供必要的指导参考。

动作名称	动作方法及要点	练习方法
平衡	方法： 在静止或运动中的身体平衡，实质是对身体重心控制的稳定性 要点： 动作协调与稳定性保持	1. 静止状态下的身体平衡练习 单腿站立坚持5~8秒、施加外力的平衡性练习、增加摆动板等器械的平衡练习、原地转身转圈、闭眼保持平衡练习 2. 运动状态下的身体平衡练习 设计跳格子、小马过河、过独木桥等

续表

动作名称	动作方法及要点	练习方法
起动	**方法：** 保持基本站立姿势，起动时后脚短促有力地蹬地，同时上体迅速前倾或侧转向跑动方向移动重心，手臂协调地摆动，充分利用蹬地的反作用力，迅速向跑的方向迈出 **要点：** 移重心，猛蹬地，快跨步，快频率	听信号的方式练习起动；起动前处于各种形态下的起动练习（如坐位起动、俯卧起动、仰卧起动）
跑	1. 直线跑 **方法：** 身体稍前倾，双臂前后有节奏地摆动，大腿带动小腿向前跑动 **要点：** 跑动路线呈直线，身体稍前倾，双臂摆动 2. 曲线跑 **方法：** 曲线跑时，屈膝降重心，脚掌内侧蹬地，扭腰转胯，异侧脚迅速跨步，加速跑动前进 **要点：** 蹬地移重心，腰部快转加速度 3. 变速跑 **方法：** 加速时，上体前倾，前脚掌蹬地，迅速摆臂，加快频率。减速时，步幅加大，用前脚掌抵地，缓冲降速 **要点：** 加速步频加快，减速步幅加大	1. 直线跑练习 教练员选择队员喜欢的道具（网球、气球、气排球、弹力球等），设定距离5~8m（可根据队员的情况适当增加或者降低难度），教练员将球举至一定高度，让球自由落体，队员在教练员松手之前加速跑动，在落地之前将球接住 2. 曲线跑练习 教练员可以在场地的各个方向放置锥桶、娃娃等标志物，标志物之间的距离设定为3~5m，要求队员连续通过3个标志物（可根据完成情况适当增加或者降低难度），也可以要求队员到标志物后快速变向跑到另一个标志物 3. 变速跑练习 教练员可以通过"加速""减速"等信号，也可以通过识别颜色等标志物进行变速跑练习
跳	1. 单脚起跳 **方法：** 单脚起跳时，双臂上摆，一条腿迅速蹬地，另一条腿屈膝上提，当身体达到最高点时，摆动腿自然下放，落地时屈膝缓冲 **要点：** 起跳快，摆臂、提膝要协调 2. 双脚向上起跳 **方法：** 两脚自然开立，两膝深屈或微屈，重心下降，双臂弯曲并稍向后摆。起跳时，双脚向上用力蹬地，双臂用力上摆，提腰展体；落地时，屈膝缓冲	1. 单脚跳练习 教练员根据队员情况设计练习难度，通过跳圈、跳格子等单腿跳游戏，增强下肢力量，加强踝关节稳定性，连续做8~12次；教练员要正确引导让儿童产生兴趣，增强完成任务的自信；注意观察，避免受伤 2. 双脚向上起跳练习 教练员手持篮球，根据队员情况设置高度，连续起跳摸高8~12次；要求队员双脚协同发力，避免出现用力不均的情况 3. 垫步跳练习 教练员设置不同方向的路线，队员按照设计

续表

动作名称	动作方法及要点	练习方法
跳	**要点：** 蹬地、摆臂、提腰协调一致 3. 垫步跳 **方法：** 进行垫步跳时，目视前方，用同一只脚迈步和单脚起跳，双臂摆臂方向相反，双脚短暂离地，跳跃腿离地时，非支撑腿弯曲 **要点：** 身体保持直立，垫步和起跳有节奏；两腿协调配合，摆臂、蹬地协调一致	路线进行垫步跳练习，连续向不同方向做10~15次
急停	**方法：** 跑动中单脚或双脚起跳，使双脚稍有腾空，上体稍后仰；落地时，两脚脚跟着地过渡到脚全掌着地，两脚平行，略宽于肩 **要点：** 落地时动作轻盈，以缓和前冲速度；落地后迅速降低重心，保持身体平衡	信号形式如木头人、不许动，在急停前要求队员做各种动作，在发出信号后按照讲解示范的动作做出急停的动作
转身	**方法：** 转身时，中枢脚的脚前掌用力碾地，同时转头、转腰肩，移动脚蹬地并迅速跨步，保持身体平衡 **要点：** 转体蹬跨有力，重心迅速平稳转移，身体重心不要起伏	发出转身信号，可以要求队员连续做3次转身，开始时不要求前转身或后转身，可以结合其他动作一起练习
控球	**方法：** 在接触不同方向来球时（手递手、接球、运球中连续接地面反弹球），手指自然分开，用指跟以上部位触球，将球控制在队员随即动作的需要之中。在球离手时（传球、投篮、运球中的按拍球），通过翻、抖、屈腕带动手指控制球离手的方向。该年龄段在控制球的练习上需要多设计粗大动作练习方法，主要以熟悉球性、抛接球和交接球练习为主 **要点：** 手指感应球、腕指协同用力	1. 原地两手交换推滚球 两脚左右开立，略比肩宽，球放于右脚前地面上。练习时，用右手推球右侧使之在体前向左侧滚动，然后换左手再推滚球左侧，使球沿地面滚至身体右前，依此练习 2. 原地单手左、右推滚球 用右手推滚球至身体左前时，迅速变换右手于球左前阻止球滚动，并反手将球推滚还原成准备动作，数次后换左手练习 3. 原地按拍球 强调正确的站位，使用指尖、手掌和双手并用。目标可以是在一个特定时间内规定一定的运球次数，如在15秒内运球25次 4. 双手抛接球 两腿左右开立，双手持球于胸腹前。练习时，全身协调用力将球向上抛起，允许球落地两

续表

动作名称	动作方法及要点	练习方法
控球		次把球接住，接球时顺势屈膝 5. 手递手传球 教练员从指定的起点跑到队员身前，到了能够接球的距离，队员把球交给教练员，教练员接球后做后转身，队员跑到指定地点后折返回，依此反复练习
传接球	**方法：** 抬头、屈膝，手指张开，将球持于胸前，两肘微向外。伸臂向外推球时，向前跨出一步，球出手时手指向上、向前推。接球要主动伸臂迎球，手指触球后随球后引缓冲，在胸腹前接住并保护球 **要点：** 传球时，后腿蹬地，两臂前伸，食指、中指用力弹拨。接球时，手指接触球的同时，两臂随球缓冲后引至胸前，要注意来球方向和手指接触球的时机，注意力集中，双脚自然开立，保持重心平稳	1. 手递手传球 队员和教练员拿1个气排球面对面而坐，教练员把球递到队员手里，然后队员按照同样的方式将球递到教练员手里为成功1次，小朋友接球的时候要用双手接球。每5次一组，每成功一组后要对队员进行鼓励 2. 对墙传球 首先在墙上标记一个圆圈，队员拿一个气排球，距离墙1m，向圆圈的中心传出去，每10次一组，要求传球又快又准 3. 双手胸前接球 队员和教练员拿1个气排球，面对面站立，距离1m。教练员拿球，将球轻传给队员，队员要用双手来接住传球。教练员可以变换不同方向，锻炼队员的反应能力 4. 对墙推接球 让队员双手抱着气排球，蹲在地上用双手把球往墙角推，开始时离墙的距离要在一步以内，熟练之后逐渐拉大离墙的距离，并要求队员借助墙壁的反弹力接住弹回来的球，每10次一组，可以锻炼手臂的运动能力（手眼协调）
双手胸前投篮	**方法：** 抬头、屈膝，手指张开，将球持在胸前，两肘微向外；伸臂向上推球时，向前跨出一步，球出手时手指向前、向上拨 **要点：** 后腿蹬地，双臂向上伸，食指、中指用力弹拨	1. 投标志圈 双手拿球对地上的标志圈进行投篮，加强对力度的控制和球飞行轨迹的预估。进行2~3组 一组投8~10个。这是一个培养投篮发力感觉的练习，用手指拨球，感受手臂对球的控制感觉 2. 亲子投篮 家长自然站立，双臂体前平举，屈肘、屈腕形成一个"篮圈"，或手持一个圆圈充做"篮圈"，孩子原地投篮，可以安排2~3组练习，每组投进4~8个。根据孩子的实际，确定原地投篮的距离和手持"篮圈"的高度。这是

续表

动作名称	动作方法及要点	练习方法
双手胸前投篮		一个培养投篮手感的练习，可以提升孩子对投球力度和弧度的感觉 3.矮篮筐擦板投篮 队员瞄准篮板的正方形区域，让球打篮板进入篮筐，用原地投篮的动作将球投出，篮筐选择矮篮筐完成。练习中根据实际情况，可以安排4~6组练习，按站队顺序每人进行1次投篮练习，在完成2~3组后换到另外一侧进行练习。练习可以根据实际人数两侧和全场两个篮筐同时进行练习。这是一个培养投篮手感和对球飞行轨迹预估的练习，同时最后安排游戏激发队员的训练兴趣

第二章
5~6岁年龄段篮球教学训练指导

第一节　训练提示

5~6岁的孩子开始具备可以在所有基本运动技能方面发展出高水平的能力，是学习和提高运动技能的最佳窗口。该年龄段的主要目标是自信、成功地玩和学习任何运动。

在这段时间内，要让孩子们能够得到更多、更丰富的运动体验，这样他们会形成后期可以运用上的肌肉记忆。此外，要争取把多样化的训练给到那些渴望去学习、喜欢挑战的孩子。

尝试让孩子们以自己的方式去执行比赛，教练员更多的是作为促进者的角色，要让孩子们感兴趣。多样化的运动体验会促进自我学习、问题解决、自信及适应力等心理方面的发展，这些不仅在运动中很重要，在生活中也一样。

要让孩子们接触一些篮球特定技巧，以及尝试去促进积极主动的意识和协调能力的发展。

一、教学训练理念

该年龄段的目标是除了通过积极有趣的方式引起孩子们的兴趣外，还需让他们慢慢了解篮球，并产生学习篮球的欲望，通过学习能够了解篮球的部分规则。教练员的职责是保证每一个孩子在获得乐趣的基础上，慢慢了解篮球，如孩子前期拍球比较困难，教练员在讲解时要重点告知他如何拍球，让其在学习的过程中找到技巧。教练员要努力确保所有的孩子都能够完成指定的训练，学习到好的训练技巧，引导他们朝正确的方向学习。

二、身心特点介绍与指导

（1）他们的行动力增强，但感知能力仍不太成熟。
（2）他们集中注意力的时间较短，容易被外界所吸引。
（3）他们模仿能力增强，但理解能力还不太成熟。

（4）他们在适合的运动中才能获得乐趣。

（5）只有掌握基本运动技能，才能为学习篮球技能打好基础。

（6）要重点提高跑、跳、转体、跨步、抛接球等基本的运动技能，这些是进阶完成组合动作、复杂动作的基础。

（7）要设计能让孩子们感到自信、成功等有趣且具有挑战性的活动。

（8）设计游戏要以非竞争性，具有参与性和体验感为准则。

三、基本运动技能

这个年龄段的主要训练目标是发展出更多运动技能的基本功，教练员做规划时，要考虑哪些技能能够在他们的日常训练中展现出来。

基本运动技能	动作名称	定义及动作讲评
技巧类	走	走是在向前或向后移动的过程中把重量从一只脚转移到另一只脚。一只脚总是与地面接触，两臂分别朝前后方向摆动
	跑	跑步类似走路，除了双脚能够同时离开地面腾空一段时间。跑步的技巧包括慢跑、冲刺、追逐、闪避和逃离
	躲避	躲避是快速的，具有欺骗性的进行变向去逃避，追逐或逃离对手。躲避时，膝盖弯曲，身体迅速向侧面移动
	跳	跳跃是将重量从一只脚或两只脚转移到两只脚。一次跳跃可分为三个部分：起跳、腾空和落地。安全落地是学习跳跃或者单脚跳时需要注意的重要技能
	单足蹦跳	是一种冲刺动作，动作涉及了单脚发力以及该发力脚的落地。它涉及动态平衡，非落地脚的一侧通过往反方向发力去帮助这个动作的前进
	垫步跳	是长迈步和单脚跳的组合，先用一只脚然后再用另一只脚，不同的步伐节奏
稳定类	落地	安全落地是所有孩子都要学习的一项重要技能。从本质上讲，它涉及在一个大的表面上以及长时间内对惯性的吸收
	平衡	当重心超过支撑高度时，就能达到平衡。有两种类型的平衡：1.静态平衡，包括在一个固定的位置保持一个想要的动作（例如体操中的倒立）2.动态平衡，涉及身体在空间中移动时的控制。所有的运动都需要某种静态的平衡，所有受控制的运动都是通过有效的姿势、肌肉收缩和舒张来产生和管理的
	旋转	旋转有多种运动方式，需要让身体通过空间和围绕自己的轴移动。它包括扭转、滚动、转向和自转等动作
控制类	投掷 接取	投掷和接取是互补的技能，但它们的运动重点有很大的不同。在抓取或接取时，身体控制住或者物体，在此过程中通过眼睛跟踪球或者物体的移动直到身体能够控制住球。投掷涉及将球推离出身体，是一个名中目标技能
	手	用手击打和反弹物体，包括控制向上弹起的球

四、教学训练指导

（1）持续鼓励、挑战和强化孩子们总体及精细的运动技巧，以示范教授为主，要尽可能多地提供让他们去执行运动技巧的机会。

（2）和孩子们一起参与练习活动。

（3）教学训练要保持适当的安全规则。

（4）提供有组织性、自发性的执行机会。

（5）不要大喊、训斥，更不要惩罚。

（6）训练必须要在安静的环境下呈现，只能有教练和球员在场上。

（7）任务的目标设定要有挑战性和可完成性。制订计划时教练员要进行仔细评估，确保孩子们能够体验到成功，有助于提高他们的动力。

（8）每次训练中只能设置 1~2 个目标，如双重任务，在同一时间做两件事情对于在该年龄段的孩子是困难的，但这却是一个很好地去培养篮球基本技巧和整体协调的方法。

（9）当和孩子们讲话时，教练员要保持眼睛平视，可以下蹲到一个可以有效沟通的高度。

（10）在训练活动中，要避免让球员一直在排队等待。

（11）在训练活动中，要多叫孩子们的名字。

（12）训练中以口头的指令和表达可以增强与孩子们的交流，可以在比赛情况下使用口哨。

五、教学训练方法

在这个年龄段，教练员会希望孩子们去经历比赛，了解篮球，学习进攻和防守的特定技巧，并且去学习从整体到具体。

在设定训练目标时，教练员必须清晰地了解到要教的内容是否能够让孩子们发挥出他们最大的能力，并且能够综合地运用到运动中。以整体化的方式去展示，最终会取得让孩子们能够在比赛中对所学的东西进行灵活运用的成果。

教练必须清楚：

（1）必须要有一套运动教育性的训练方法。

（2）需要执行的目标任务必须是能够以尽可能综合性的方式展现出来。

（3）教练员不能够只是允许自己一味地模仿其他教练。

（4）训练要从最整体到具体，并且都是以简单的任务开始，慢慢增加难度。

（5）对于孩子们来说，任务意味着一个挑战，然后再是知识。

（6）要站在孩子的角度去理解和看待他们。

（7）任何教练员构想的目标任务都必须是能够给队伍带来最好的结果。

（8）训练过程中，教练员的参与及反馈是非常重要的。

（9）时刻记住评估孩子。

（10）要保持耐心，孩子们不会一夜之间就成为篮球运动员。

（11）教练员必须寻求能够包含多种行动的训练任务，特别是比赛中的协作与对抗，要激发孩子们的竞争性。

六、教学训练设计

当教练员面对这个年龄段时，最重要的是训练课的组织。要在训练开始的第一天明确规则，组织好课堂，分配好队伍，讲解规则等，最终要创建出一系列能提高课堂效率及学生积极性的日常行为规范。

教练员可以运用的日常行为规范如下：

（1）在课堂开始时，所有孩子坐在中圈等待。

（2）在每次游戏结束时，他们会返回中圈去倾听下一个项目的解释。

（3）让他们轮流负责准备一个月的材料。

（4）以分配队伍的形式，让他们合作一周、一个月或一个季度。

（5）每次训练后补水。

这些日常行为和他们的体育课没有多大的区别，但考虑到这个年龄段注意力容易分散的情况，有越多的日常行为规范，课程就会有更高的效率。

篮球训练课程分为3个模块：

（1）开始模块（10分钟）：包括训练的介绍及行为要求。

（2）主要模块（30~40分钟）：在这个模块，教练员会高强度地去执行本节训练课的核心计划。

（3）放松模块（10分钟）：在这个模块，教练员会执行一些依据训练强度大小而制订的放松计划。

作为该年龄段的监管人，教练员必须要知道课程的高效时段，孩子们很容易疲劳，教练员能够利用的最佳时长跨度不能超过30分钟。在训练中，假想会有一条强度弧线从小到大再到小，教练员要利用这个规律去制订课程计划。

第二节 训练方式

本年龄段的训练应当以游戏为重点，以技术动作练习为辅助。根据孩子们身心发展特征和篮球学习目标，训练内容可以分为控球/运球、传球、投篮、上篮、急停/起动、转身、防守、实战。

一、控球和运球训练

控球 / 运球
（一）需要考虑的技能要点 1. 用指腹去触摸球 2. 不要击打球，要用手指完全下压球 3. 保持抬头，眼睛注视前方 4. 不要在脚的正前方运球，要尝试把球的落点控制在脚外侧 5. 通过改变手触碰球的位置去改变球的方向 6. 内外运球时手指在球的外侧时把球推向身体内侧，手指在内侧时把球推向身体外侧 7. 变向运球时双手都会位于球的外侧，并且把球推向另外一侧 （二）运球的类型 1. 每个方向运球：往前运球，往后运球，侧面运球 2. 内外运球 3. 变向运球：体前变向和背后变向

技能分类	训练活动	训练图解
运动技能 跑 手递手 平衡 躲避 接取 **篮球技能** 运球 传球 起动 急停	（一）火车接力赛 1. 学习目标 在没有对手的情况下和队友配合进行控球训练 2. 活动设置 （1）将队员分为两组，每组4人，面对边线进行排队。每组以在边线放置的标志桶作为起点，两个标志桶的间距为4~5步，每队第一名队员拿1个球 （2）当教练员说开始后，每排第一名队员会手递手把球递给后面的队员，然后跑到队列的后面 （3）第二名队员会执行相同的步骤，把球传给下名队员并且跑到队列后面 （4）所有队员会执行相同的行动，直到他们到达另外一条边线 3. 变化 （1）头顶传球或者胯下传球 （2）第一名队员把球运到队尾，并且依次或一次把球传给暂为排头的队员	
运动技能 跑 平衡 操控 区分识别	（二）翻碟接力赛 1. 学习目标 以不同的速度和高度运球，保持运球（不能拿球） 2. 活动设置 （1）队员以2~3人为一组，在每个队伍的前面有一排间距为2m的标记碟	

续表

技能分类	训练活动	训练图解
篮球技能 运球 变向 起动 急停	（2）当教练员说开始后，队首的队员运球到第一个标记碟 （3）运球，捡起标记碟，翻转它并放在地上，继续运球前进 （4）完成所有的翻碟任务后，运球回来，和队友进行击掌，击掌后的队员执行相同的动作 3.变化 （1）换手运球 （2）翻完标记碟后，执行内外运球 （3）翻完标记碟后，执行变向运球（体前变向或背后变向）和换手运球	
运动技能 跑 躲避 区分识别 篮球技能 运球 防守	（三）强盗 1.学习目标 （1）抬头运球观察空间及对手 （2）判断哪种运球对于当前条件是更为有利的 2.活动设置 （1）把队员分成两队，用不同的颜色区分，一队为"强盗"，另一队保护球，每人一球 （2）当教练员说"走"时，"强盗"运球并且去抓其他队员，其他队员同样运球 （3）一旦队员被抓住，他们要离开场地到场外等待 （4）当"强盗"把另外一队的所有队员都抓完后，游戏结束 （5）不允许双手拿球及二次运球 3.变化 （1）换手运球 （2）允许变向运球 （3）触碰对方身体或球	
运动技能 跑 躲避 滑步 区分识别 节奏	（四）警察和小偷 1.学习目标 （1）抬头运球观察空间及对手 （2）练习防守站姿 2.活动设置 （1）把队员分成两队，用不同的颜色区分，每人一球；用4个标记碟围成一个方块，每两个标记碟之间安排一个警察，所有小偷在方块内 （2）小偷尝试逃离方块，运球穿过标记碟 （3）如果警察碰到他们，小偷必须回到方块内并且重新开始 （4）如果小偷逃离出方块，他们应运球到篮筐投中一球后，游戏再重新开始	

续表

技能分类	训练活动	训练图解
篮球技能 运球 防守滑步 投篮	（5）游戏以计时的方式进行 3. 变化 （1）换手运球 （2）允许变向运球 （3）警察不需要球 （4）每两个标记点之间有两个警察	
运动技能 跑 躲避 节奏 区分识别 篮球技能 运球 起动	（五）控球手感 1. 学习目标 全速运球：往前推球，跟随着球 2. 活动设置 （1）把队员分成两队，分别在两边的底线，每人一球且有一个号码 （2）教练员会大喊一个号码，该号码的队员会运球到另外一边和对应的队员击掌 （3）没有被叫到号码的队员会伸手等待被叫到号码的队员击掌 （4）一旦被叫到号码的队员和与之对应的队员击掌后，应当试着"回家"，同时被击掌的人要试着在对方"回家"前将其抓住，双方都要运球 3. 变化 （1）换手运球 （2）通过减少号码增加队员的参与机会	

二、传接球训练

传接球		
（一）需要考虑的技能要点 1. 手指部分触球 2. 手在球的侧面 3. 球放在胸口处 4. 胳膊往外伸展，大拇指朝下 5. 接球：手打开，胳膊肘微曲，手指朝向天空，两个大拇指相对 （二）传球类型 1. 双手胸前传球／击地传球 2. 单手胸前传球／击地传球		
技能分类	训练活动	训练图解
运动技能 投掷 抓取	（一）抛接球 1. 学习目标 （1）用不同的方式去抛接球	

续表

技能分类	训练活动	训练图解
篮球技能 球性 运球 传球 接球	（2）练习手指部位触球 2.活动设置 （1）队员每人一球在球场上分散开,设定活动的空间限制（边线和底线） （2）把球抛向空中，并且在球落地之前接住 3.变化 （1）让球落地 （2）接球之前击掌1~3次 （3）双手同时触摸身体的某个部位（肩膀、耳朵、膝盖等） （4）抛球之前做一些其他动作（用球绕髋、运3次球等） （5）交换球（把球抛向空中并且接另一个球）	
运动技能 跑 加速 **篮球技能** 运球 投掷 接球	（二）传球与运球竞赛 1.学习目标 （1）压力下传球接球 （2）加速运球 2.活动设置 （1）将队员分成两个队伍，传球的队伍围成一个圈，队员等距散开，运球的队伍从起点开始排队 （2）当教练说开始后，传球方队员将传球给他旁边的队友，每一次球传回到最开始的队员手上后，回合结束 （3）与此同时，运球方的第一名队员将绕着传球方运球一圈后，将球传给队伍的下一名队员，直至球回到最开始队员手上后，回合结束 （4）第一个完成规定回合次数的队伍将赢得比赛 3.变化 （1）换手运球 （2）变化传球方式：击地传球、胸前传球、单/双手传球 （3）调整两个队员之间的距离	
运动技能 跑 加速 转向	（三）传球和投篮比赛 1.学习目标 （1）在不同的距离传接球 （2）快速转身 （3）快速运球和投篮 2.活动设置 （1）将队员分为两人一队，在球场中线排5队，线上的队员拿球，队友与其面对面5步的间距 （2）当教练员说开始后，队员将连续传球5次 （3）完成5次传球后，持球队员将做出一个转身，面向篮筐，接着运球到篮筐，并尽快去命中投篮	

续表

技能分类	训练活动	训练图解
篮球技能 　运球 　投掷 　接球 　投篮	（4）第一个完成投篮的队伍将成为获胜方 3. 变化 （1）变化传球类型（击地传球、胸前传球、单/双手传球） （2）调整传球距离或传球次数	
运动技能 　扔 　接 　跑 篮球技能 　运球 　投掷 　接球 　急停 　起动	（四）两人行进间传球 1. 学习目标 （1）学会运球或急停后传球 （2）培养主动去接球的习惯 2. 活动设置 （1）将队员分为两人一组，两边边线都设置队伍，一边的队员拿球 （2）教练员说"开始"后，拿球的队员向前运球，在球场中间停下将球传给对面的队友，并立即回到最开始的位置 （3）队友接球后运球到中间，传球并返回，依此重复达到一定次数 3. 变化 （1）跳步急停后传球 （2）跨步急停后传球 （3）改变传球类型：击地传球、胸前传球等	
运动技能 　跑 　躲避 　节奏 　区分识别 篮球技能 　传球 　接球 　转身 　防守	（五）次传球游戏 1. 学习目标 （1）准确传球并寻找空位队友 （2）争取获得空位去接球 （3）了解无球防守 2. 活动设置 （1）在半场内将队员分为两组 （2）一支队伍尝试连续传5次球，另外的队伍进行防守并尝试拦截球 （3）一旦防守方获得球权，双方互换角色 （4）不能运球及投篮 3. 变化 （1）增加传球次数 （2）改变空间 （3）允许运球（1~2次）	

三、投篮训练

投篮		
\(一\)需要考虑的技能要点 1.用手指垫触球 2.双脚与肩同宽 3.投篮手位于球后面，平衡手在侧面 4.膝盖稍微弯曲 5.把球推出去，然后手臂伸展开 6.投篮就是把球传给篮筐 \(二\)投篮类型 1.运球后投篮：跳停或跨步急停 2.接球投篮：原地或跨步急停		
技能分类	训练活动	训练图解
运动技能 扔 接 跑 跳 **篮球技能** 运球 起动 急停	（一）团队自由投篮比赛 1.学习目标 （1）提高投篮能力 （2）稳固投篮姿势和步骤 2.活动设置 （1）将队员分为两队，分别在不同的篮筐进行投篮 （2）队员每人一球，自由选择站位 （3）教练员向队员简单介绍投篮原则 （4）每名队员在指定的距离进行投篮，如果球不中，队员们自己拿篮板球并且再次投篮 （5）有队伍完成教练员规定的个数后比赛结束 3.变化 （1）改变投篮距离 （2）在投篮前执行一个控球动作，如环绕脚后投篮	
运动技能 扔 接 跑 转 反应	（二）时钟 1.学习目标 （1）提高接球及投篮能力 （2）提高抢篮板球能力 2.活动设置 （1）把队员分为4队，每队的第1名队员持球，其他队友在其身后排队 （2）教练说"开始"后，第1名队员投篮，如果命中，该队伍获得1分 （3）投篮人拿回篮板球后把球传给下一个人并到队尾排队 （4）下一名队员重复该步骤直到一个队伍完成规定的数量 （5）一旦有队伍获胜，所有队伍自动按照顺时针的方向换位	

续表

技能分类	训练活动	训练图解
篮球技能 投篮 传球 抢篮板球	3.变化 （1）增加投篮距离 （2）如果球员投丢，他们拿篮板球后有一次近距离补篮机会 （3）投篮前往前运一次球	
运动技能 扔 接 跑 转 反应 区分识别 篮球技能 投篮 传球 抢篮板球	（三）伙伴传接投篮 1.学习目标 （1）提高投篮能力 （2）准备好接球动作 2.活动设置 （1）队员两人一组，1个球，可以依据教练员的指示选择投篮位置 （2）有球队员先进行投篮，然后自己拿篮板球、转身，把球传给队友，传球后跑到其他位置 （3）无球队友要做好准备接球姿势 3.变化 （1）增加投篮距离 （2）投篮前进行运球 （3）如果投丢球，提供第二次得分机会，但需要他们能够在球落地前抢到篮板球	
运动技能 扔 接 跑 转 反应 区分识别 篮球技能 投篮 篮板 运球	（四）虫子 1.学习目标 （1）提高投篮能力 （2）拿下篮板球后能及时做出选择 2.活动设置 （1）队员以4~5人为一组，每人一球，设置不同的投篮位置 （2）队列第一个球员是队长，后面的队员要进行模仿 （3）队长投篮后抢自己的篮板球，然后移动到下一个投篮点 （4）第二个队员动作同前，拿下自己的篮板球后迅速排到队长的后面 （5）其余队员执行相同步骤直到都到达新的位置 3.变化 （1）增加投篮距离 （2）球员在投篮球可以运球 （3）设计不同的竞赛方式	
运动技能 扔 转 反应 区分识别	（五）不同位置投篮 1.学习目标 （1）提高投篮能力 （2）提高跨步急停能力	

续表

技能分类	训练活动	训练图解
篮球技能 投篮 抢篮板球 转身	2. 活动设置 （1）队员人手一球，在地面上放置不同的塑料垫可以让队员踩上 （2）队员运球往前迈步用一只脚踩在塑料垫上，接着把另一只脚带过来面向篮筐 （3）投篮后拿自己的篮板球并到另一个塑料垫上执行相同的步骤 3. 变化 （1）增加投篮距离 （2）变换运球手和跨步急停的第一步 （3）必须在投篮前转身	

四、上篮训练

上篮
（一）需要考虑的技能要点 1. 协调运球及收球 2. 收球后往篮筐的两步要协调 3. 抬起同侧的手脚（右手/右膝，左手/左膝） 4. 学习脚步（右侧：先迈右脚，再迈左脚，右手、右膝抬起；左边：先迈左脚，再迈右脚，左手、左膝抬起） （二）上篮类型 1. 自然上篮（如右手运球，第一步迈左脚） 2. 接球后上篮（跑动中接球后同时迈出第一步） （三）不同角度 1. 常规上篮 2. 环绕上篮 3. 反身上篮 （四）不同的持球方式 1. 过肩上篮 2. 低手上篮

技能分类	训练活动	训练图解
运动技能 平衡 跑 跳 跨越	（一）镜子 1. 学习目标 学会抬膝和起跳 2. 活动设置 （1）所有队员在边线排队，不需要球，相互保持三步的间距（放置标记碟），教练员在中间（在中场线） （2）教练往前走几步，然后抬起膝盖（右膝）并且双手在头顶击掌，在到达对面边线时重复几次该动作	

续表

技能分类	训练活动	训练图解
篮球技能 上篮 脚步	（3）所有队员模仿教练员的动作 3. 变化 （1）抬右膝 （2）抬左膝 （3）跑动中起跳抬起膝盖	
运动技能 平衡 跑 跳 眼脚协调 篮球技能 上篮 脚步	（二）给教练一个击掌 1. 学习目标 （1）协调跑动和跳跃 （2）学会抬膝和起跳 2. 活动设置 （1）在地面上放置 2 个塑料垫，间隔为 1m，最后一个垫子离篮筐 1m 左右 （2）队员们在第一个塑料垫排队，教练员站在右侧，伸展右手准备和队员做一个击掌 （3）第一个队员迈右脚踩上第一个塑料垫，然后左脚踩上另外一个塑料垫，接着起跳用右手和教练员进行击掌（抬起右膝） （4）落地后，跑去另外一端的队尾进行排队，等待执行同样的动作 3. 变化 （1）在三分线开始，队员要进行跑动 （2）运用篮球，需要队员运球、收球、踩在垫子上并投篮	
运动技能 平衡 跑 跳 眼脚协调	（三）自由上篮 1. 学习目标 （1）协调跑动和跳跃 （2）学会抬膝和起跳 （3）提高运球、收球及上篮能力 2. 活动设置 （1）在篮下放置一些相同颜色的标记垫，队员拿球并观察球场 （2）教练员先告知用哪只手运球，然后说"开始"，队员要去寻找没有人的垫子 （3）运球靠近标记垫后，正确地收球，迈步踩垫，起跳出手	

续表

技能分类	训练活动	训练图解
篮球技能 运球 上篮 脚步	（4）完成出手后，尽快拿下篮板球，运球到另一边重复练习 3.变化 （1）换手运球 （2）要求在同个篮筐完成3次投篮，然后换到另一边 （3）在一边用右手运球，在另一边用左手运球 （4）当穿过中场线时，必须停下执行一个控球练习（如球环绕头3次）	
运动技能 平衡 跑 跳 眼脚协调 篮球技能 运球 上篮 脚步 传球	（四）上篮比赛 1.学习目标 提高运球、收球及上篮能力 2.活动设置 （1）把队员分为4组，每组1个球，都在三分线上列队，第一个队员拿着球，其他队员排在其身后 （2）当教练员说"开始"后，每组的第一个队员运球向篮筐迈两步后出手 （3）出手后，自己拿篮板球，运球回到队列后把球传给下一个队员，该队员执行相同的动作 （4）第一个完成规定次数的队伍胜出 3.变化 如果第一次投篮未中，允许补篮	

五、急停和起动训练

急停／起动		
需要考虑的技能要点 1.急停时，屈膝，双脚打开与肩同宽 2.双手手指施压紧握球 3.开始运球，运球和迈步同时进行 4.教授急停时如何拿住球及运球		
技能分类	训练活动	训练图解
运动技能 跑 停 平衡 跳	（一）木头人 1.学习目标 在规定的区域跑动及快速急停 2.活动设置 （1）所有队员在一侧边线排队，确保相互间有一定的距离 （2）教练员告诉队员："当你们看到我的背，你们可以运球；当你们看到我的脸，你们要定住"	

续表

技能分类	训练活动	训练图解
篮球技能 运球 起动 急停	（3）当队员看到教练员的脸时，要运球和急停（跳停或者跨步急停） 3. 变化 （1）有球或者没球 （2）从底线开始，当有队员到达三分线时，可以获得一次投篮机会	
运动技能 跑 停 篮球技能 运球 急停 起动	（二）运球急停游戏 1. 学习目标 （1）学会运球 （2）学会急停 （3）学会起动运球 2. 活动设置 （1）将学生分为两组，每人一球，一组为抓人者，去追逐另一组的队员，教练员要规定进行游戏的空间范围 （2）如果一个队员被抓住了，会被定住，同时拿住球 （3）如果一个队员被追逐，可以大声说"停"并定住，这样抓人者不能碰他 （4）被定住的队员如果被队友触碰后，可再次运球跑动 （5）一旦所有队员被定住后，比赛结束 3. 变化 （1）被定住的队员可以运球 （2）被定住的队员可以通过队友把球传过胯下进行复活	
运动技能 跑 停 平衡	（三）点上急停 1. 学习目标 （1）学习如何在平衡下急停 （2）起动运球时不违例 2. 活动设置 （1）所有队员人手一球并散开，在游戏区域内随意放置塑料垫 （2）教练员先教队员如何执行动作（如用内侧脚进行跨步急停，以交叉步起动） （3）教练员说"开始"，队员迅速寻求空位，根据指示执行急停（如用右手运球，先用左脚踩到垫子上，再用右手起动运球）	

043

续表

技能分类	训练活动	训练图解
篮球技能 运球 起动 急停 转身	（4）队员持续执行动作，直到教练员停止游戏 3. 变化 （1）更换运球手 （2）指定中枢脚 （3）更换起动脚 （4）增加转身动作 （5）增加假投或试探步	

六、转身训练

转身
需要考虑的技能要点 1. 学会保持一只脚不动，另一只脚可以自由移动（向前或向后） 2. 为了实现有效的转身动作，脚必须发力转动 3. 必须让球尽可能远离防守人，眼睛保持观察 4. 避免单纯的转身练习，可以和其他的技能结合到一起训练

技能分类	训练活动	训练图解
运动技能 扭转 篮球技能 转身 急停	（一）回家 1. 学习目标 （1）提高转身能力 （2）能够寻求空位 2. 活动设置 （1）球场上放置一些塑料垫子，队员人手一球 （2）教练员说"开始"，队员可以自由地在场上运球，但是不能够踩在垫子上 （3）当教练员说"每个人都回家"，所有队员要寻找最近的一个空垫子，并把一只脚踩在上面，成运球跨步急停动作，然后开始转身 （4）当教练员再次说"开始"，球员们离开位置并再次自由运球 3. 变化 （1）换手运球 （2）指定中枢脚	
运动技能 扭转 平衡	（二）运球与持球转身对抗 1. 学习目标 （1）提高转身能力 （2）让球远离防守人	

续表

技能分类	训练活动	训练图解
篮球技能 运球 转身	2.活动设置 （1）在场地上放置一些塑料垫，在每个塑料垫上都有一个队员持球，但他们不能运球，其他在塑料垫外的队员为抓人角色，也是拿着1个球 （2）教练说"开始"，抓人者运球并要尝试去触碰在圆垫上的队员手中的球，在圆垫上的队员通过转身去保护球（让中枢脚一直踩在圆垫上） （3）如果抓人者触碰到球，双方互换角色 3.变化 （1）换手运球 （2）指定中枢脚 （3）调整活动空间	
运动技能 跑 平衡 滑动 **篮球技能** 运球 转身 防守	（三）1对1转身 1.学习目标 （1）提高转身能力 （2）让球远离防守人 2.活动设置 （1）两人一组分散到球场上，持球队员进攻，无球队员防守 （2）教练员说"开始"，进攻队员运球并尝试保持球权，同时防守队员尝试去触碰球 （3）当教练员说"停"，运球队员停止运球，双手收球并进行保护，防守者尝试去触碰球，进攻队员练习转身去护球 （4）教练员再次说"开始"，伙伴互换角色重新开始训练 3.变化 （1）缩小空间 （2）在重复几次后允许攻筐的1对1	

七、防守训练

防守
需要考虑的技能要点 1.球员一定要先去理解防守概念，而不是防守脚步 2.要尽可能阻止自己防守的人运球、投篮、传球、接球 3.防守持球人时，身体挡在持球人与篮筐之间 4.防守无球人时，跟随着防守人

续表

技能分类	训练活动	训练图解
运动技能 跑 闪避 跨 跳 **篮球技能** 运球 防守	（一）渔夫 1.学习目标 （1）提高运球变向能力 （2）能够寻找空位 （3）能够躲避防守 2.活动设置 （1）所有的队员（鱼）在一边底线排队，场地中用锥桶设置合适间隔距离的大门，防守人（渔夫）在大门中准确 （2）当教练员说"开始"，所有的鱼尝试跑去对面的底线，但必须穿过大门 （3）渔夫可以在大门里横向移动，要尽可能多地抓到鱼 （4）被抓到的鱼也变成渔夫，鱼被抓光游戏就结束 3.变化 （1）调整大门数量 （2）调整在每个大门上的渔夫的数量	
运动技能 跑 闪避 节奏 区分识别 **篮球技能** 传球 接球 转身 防守	（二）五传游戏 1.学习目标 （1）做到寻找空位队友传球 （2）能够跑空位接球 （3）了解有球和无球防守 2.活动设置 （1）把队员分成两队，规定活动空间的大小为半场 （2）一支队伍尝试完成连续5次传球，另一支队伍去防守并且尝试断球 （3）一旦球权被防守者夺回，两队的攻防角色将进行转换，不准运球和投篮 3.变化 （1）增加传球次数 （2）调整活动空间 （3）允许运球（1~2次）	
运动技能 跑 闪避 区分识别	（三）强盗 1.学习目标 （1）学习如何去抢断球 （2）做到与持球队员保持距离（不要犯规） 2.活动设置 （1）队员两人一组，其中拿球队员保护球，另一人当强盗 （2）当教练员说"开始"，没有球的强盗将尽力去触碰伙伴的球，一旦碰到球，两个人就交换角色	

续表

技能分类	训练活动	训练图解
篮球技能 运球 防守	3. 变化 （1）换手运球 （2）允许变向运球 （3）缩小活动范围	
运动技能 跑 躲避 冲刺 跳 滑步 篮球技能 运球 投篮 防守 篮板	（四）击掌1对1 1. 学习目标 分别了解在有球防守（球和篮筐之间）和无球防守（人球之间）时的站位 2. 活动设置 （1）将队员分成攻防两组，教练员站在弧顶进攻队员手持一球，将球交给教练员后开始 （2）进攻队员和防守队员将在侧翼相遇（三分线和罚球线的延伸处相遇），二人举起双手击掌后开始攻守 （3）进攻队员将试图获得空位接球，防守队员尽量不让对方接球 （4）一旦进攻队员接到球，可以尝试投篮或运球攻击篮筐 3. 变化 （1）防守只能在三分线内 （2）从篮下开始进攻	

八、比赛实战训练

比赛实战
（一）需要考虑的技能要点 1. 这个年龄段的孩子很难理解什么是比赛，所以教练员有必要去把比赛进行分解。例如，他们需要认识球场边界（底线和边线），理解进攻和防守的角色，最后介绍篮球规则 2. 不要记录分数，更不要把胜负作为比赛的目标，重点要求队员不要有走步违例，要把球传给空位队友等 3. 建议减少比赛上场人数（3对3）或者球场空间（边线到边线，而不是底线到底线） 4. 就学习目标跟学习周期而言，比赛将被视为一次练习 （二）进攻 1. 持球的队员尽可能快地运球到对面篮筐 2. 无球队员跑在持球队员前面，并注意观察球 3. 如果队友空位（没有人防守）就尝试传球 （三）防守 1. 始终跟住自己的防守人 2. 不让自己防守的人运球、传球、投篮，甚至是接球

第三节 篮球技术动作与练习方法

对于5~6岁年龄段的孩子，教练员应明确两点：一是改进、提高和巩固3~4岁年龄段习得的练习动作，帮助他们掌握基本的控球、传接球、运球、投篮技术动作，既可以运用3~4岁年龄段的练习方法，也可以提高练习方法的难度或技术动作的要求，以提高动作质量。二是选择更为复杂的技术动作作为教学内容，注重新旧内容的结合，以达到事半功倍的训练效果。

动作名称	动作方法及要点	练习方法
起动和快跑	**方法：** 从基本站立姿势开始，向前起动时以后脚、向侧起动时以异侧脚、背向起动时以任意脚的前脚掌短促有力地蹬地，同时上体迅速前倾或倒转，向跑的方向移动重心，手臂协调摆动，迅速向跑的方向迈出。起动后，前两步应短促、迅速 **要点：** 移动重心，上体前倾或倒转，用力蹬地，前两步小而快	1. 基本站立开始（面向、倒向、背向），听或看到信号起动快跑 2. 各种情况和状态下（蹲着、坐地、原地各种跑动中、原地起跳落地、滑步中、急停后），听或看信号向不同方向起动快跑 3. 自抛或别人抛球后，迅速起动快跑，把球接住 4. 原地运球，听或看到信号起动快速运球
变向跑	**方法：** 跑动中向左变方向时，最后一步是右脚落地，脚尖向左转，用力蹬地，上体向左转，同时左脚向左快速迈步；向右变向时动作相反 **要点：** 向左变向右脚蹬地，向右变向左脚蹬地；变向的第一步向斜前方出步要快	1. 走动中体会变向跑动作。向斜前方走动一定的步数（5步或3步）变向，再向相反方向的斜前方走动一定的步数（5步或3步）变向 2. 慢跑中体会变相跑动作，方法同上 3. 中速跑中体会变相跑的动作，方法同上 4. 两人攻防，进攻队员变向跑，防守队员对着进攻队员向后"倒车"变向跑，进行攻守交换练习
急停	1. 跳步急停（一步急停） **方法：** 跑动中，用单脚或双脚起跳，上体稍后仰，双脚平行或稍有前后同时落地，并屈膝降重心，保持身体平衡 **要点：** 单脚或双脚起跳，双脚同时落地，屈膝保持身体平衡 2. 跨步急停（两步急停） **方法：** 跑动中跨步急停时，先向前跨一大步，上体后仰，用脚跟先着地，然后过渡到全脚	1. 走2~3步做跳步或跨步急停 2. 慢跑3~5步做跳步或跨步急停 3. 跳步或跨步急停后，向上双脚跳或跨步单脚跳 4. 运球跳步急停或跨步急停 5. 自抛自接球后跳步急停或跨步急停 6. 接同伴球跳步急停或跨步急停

续表

动作名称	动作方法及要点	练习方法
急停	掌抵住地面，迅速屈膝；接着再上第二步，脚着地时，脚尖稍向内转，用前掌脚内侧蹬地，两膝微屈，重心落在两脚之间。徒手急停时，两臂屈肘自然张开，保持身体平衡 **要点：** 第一步要大且脚跟先抵地，第二步前脚掌内侧蹬地，两膝弯曲，减缓向前的冲力，保持身体平衡	
转身	1. 前转身 **方法：** 另一只脚从中枢脚前面跨过叫前转身。以向左做前转身为例，左脚为中枢脚，重心移到左脚，左脚前脚掌用力辗地，右脚前脚掌内侧蹬地，以肩带腰向左转动，同时右脚迅速从左脚前面跨过落地。转身过程中，身体重心要在一个水平面上，不能上下起伏 **要点：** 中枢脚脚跟提起，前脚掌用力辗地，另一脚蹬地，腰、肩转动的同时迅速跨步，身体重心平稳 2. 后转身 **方法：** 另一只脚从中枢脚后面跨过叫后转身。向右做后转身为例，左脚为中枢脚，重心移到左脚，左脚前脚掌用力辗地，右脚前脚掌内侧蹬地，同时用力向右后方转胯、转肩；随之右脚迅速从左脚后面跨步落地，身体不要上下起伏 **要点：** 中枢脚用力辗地，另一脚蹬地，同时转胯、转肩，向后迅速跨步落地，身体重心保持平稳	1. 基本站立姿势，徒手或持球向左（右）做前转身180°、270° 2. 基本站立姿势，徒手或持球向左（右）做后转身180°、270° 3. 慢跑或行进间慢速运球急停（跳步、跨步），向左（右）做前、后转身180°起动跑或快速运球 4. 跑动中连续做后转身 5. 徒手或持球起跳落地后向左（右）做前（后）转身180°起动跑或快速运球 6. 持球背对球篮，前（后）转身面对球篮投篮 7. 转身持球练习。两人一组，一人持球，另一人防守。防守人试图用手触碰球，持球人利用前（后）转身保护球。当练习一定的时间后，攻守交换
控球	1. 手指拨传球 **方法：** 两脚自然开立与肩同宽，两臂屈肘或肘关节伸直，持球置于两手之间，用手指反复来回拨动。	1. 原地胸前、头上、踝关节前或背后拨传球单独练习 2. 原地自上而下（头上、胸前、踝关节前）或自下而上（踝关节前、胸前、头上）结合练习

续表

动作名称	动作方法及要点	练习方法
控球	根据拨球的位置，可分为胸前、头上、踝关节前、背后拨传球 **要点：** 手指触球，腕指协调用力	3. 走动或慢跑中做练习 1 4. 走动或慢跑中做练习 2
控球	2. 球绕环 **方法：** 两脚自然开立与肩同宽，两手交替接触球，使球在头部、腰部、双腿和单腿膝关节周围反复环绕。 当球环绕双腿时，可双腿微屈，并拢站立；当球环绕单腿时，可两脚开立大一些。 当熟练以后，可加快环绕的速度或进行反方向环绕 **要点：** 球环绕过程中的两手协同配合	1. 头部、腰部、双腿、单腿球绕环单独练习 2. 头部、腰部、双腿、单腿球绕环结合练习 3. 行进间头部、腰部、双腿、单腿球绕环单独练习 4. 行进间头部、腰部、双腿、单腿球绕环结合练习
控球	3. 旋转身体接球 **方法：** 身体自然站立，两手持球于体前胸腹之间，轻轻向体前上方抛球，随之迅速在原地快速旋转身体若干圈（旋转的圈数以人能接到球为原则），并在球落地之前用双手在体前将其接住。熟练后可以左右交替转体后持球 **要点：** 身体旋转与接球的协同性	1. 身体旋转 1 圈的接球体会练习 2. 身体旋转数圈的接球练习 3. 身体左右交替转体后的接球练习
控球	4. 体前连续击掌 **方法：** 身体自然站立，两手持球于体前胸腹之间，向体前上方扔球，随之立即在体前篮球的下方连续击掌，并在篮球下落到原抛球的位置时，用双手将球接住。球抛的高度越低，难度越大。熟练后，可以在身体前后交替击掌后再将球接住	1. 抛球后体前击掌接球 2. 抛球后体后击掌体前接球 3. 抛球后体前体后交替击掌体前接球 4. 体前连续击掌与旋转身体接球组合练习
传接球	1. 双手持球 **方法：** 双手自然分开，拇指相对成"八"字形，用指根以上部位握住球的两侧后下方，手心空出，两臂弯曲，肘关节下弯，持球于胸前	1. 在教练员或家人的指导下，体会双手持球动作 2. 双手捡起地面放置的球，成双手持球动作 3. 原地运球抄球成双手持球动作 4. 行进间运球急停抄球成双手持球动作

续表

动作名称	动作方法及要点	练习方法
传接球	**要点：** 拇指相对成"八"字形，指根以上部位接触球，两臂屈肘，持球于胸前 2. 双手胸前接球 **方法：** 接球时双眼注视来球，双手向来球方向伸出迎球，手指自然分开，两拇指成"八"字形，手指朝向前上方，掌心向前，两手成半圆形。当球触及手指的刹那，迅速收臂接球后引至胸腹前的部位，同时保持身体平衡，为迅速衔接下一个动作做准备 **要点：** 伸手迎球，两手成半圆形，手指触球，双手迅速后引，保持身体平衡 3. 双手胸前传球 **方法：** 基本姿势站立，双手持球于胸腹之间。传球时，后脚蹬地，身体重心前移的同时，前臂迅速向前伸展，手腕由下而上翻转，继而拇指下压，最后通过食指、中指用力拨球将球传出。出球后，手心和拇指向下，其余四指指向传球方向 **要点：** 手指急促地由下而上翻转，继而由内向外翻转（拇指下压），食指、中指用力拨球 4. 单手胸前传球 **方法：** 以右手传球为例，持球方法与双手胸前传球相同。传球时，上体稍右转，左手推球，右手引球到右侧胸部位置，左手离开球，右手持球的侧后下方，伸臂、屈腕，食指、中指用力拨球将球传出 **要点：** 传球手手腕后屈，急促用力前扣，食指、中指用力拨球 5. 反弹传球 **方法：** 反弹传球的动作方法与其他传球方法相似。主要区别在于改变传球出手时的位	1. 在教练员或家人的配合下，用双手接他们原地低手抛出的球 2. 原地自抛自接，成双手持球动作 3. 走动或跑动中结合急停（跳步或跨步急停）自抛自接 1. 原地对墙传球练习 2. 原地运球与对墙传球结合练习 3. 两人一球，面对面站立，近距离连续传接球练习 4. 两人一球，面对面站立，由近及远或由远及近连续传球练习 5. 两人一球，一人原地站立，向另一人的前、后、左、右方向传球，另一人移动接球 6. 结合跑、跳、停、转等各种脚步动作的传接球练习 7. 结合运球、投篮的传接球练习 8. 2对1或3对2传接球与抢断游戏

051

续表

动作名称	动作方法及要点	练习方法
	置和用力方向，并选择好击地点。反弹传球时，伸臂方向是向前下方，手的用力点在球的后上方，击地点一般在距离接球人的三分之一处 **要点：** 传球手用力点在球的后上方，出球快，击地点适当	
体前变向换手运球	**方法：** 运球队员行进间右手换左手体前变向时，右手按拍球的右后上方，使球经自己体前右侧反弹至左侧前方，同时左脚跨步，继而右脚向左前方跨出，上体左转并前倾，探肩护球，换左手按拍球的后上方，继续运球前进 **要点：** 手按拍球的部位，手脚的协同配合	1. 控球手感练习 （1）单手对墙连续按拍球 （2）坐地或仰卧运球 （3）坐地绕身体运球 （4）原地高低变换运球 （5）原地两手体前横运球（V形运球） 2. 运球手脚配合练习 （1）向前、后、左、右移动中运球 （2）原地体前横运球与脚步协同配合 （3）鸭步行进中体前横运球 3. 利用立柱或其他障碍物的体前变向换手运球练习 4. 结合传球、投篮等技术动作的体前变向换手运球练习 5. 限制防守条件下的体前变向换手运球练习
投篮	1. 原地单手肩上投篮 **方法：** 以右手投篮为例，右脚在前，左脚稍后，脚尖指向篮筐，两膝微屈，重心在两脚之间。右手五指自然分开，手腕后仰，手和指根持球的后下方，左手扶在球的左侧上方，置球于右肩前。投篮时，蹬地的同时，向前上方伸展手臂，左手自然离球，右手手腕前屈，食指、中指用力拨球将球投出。球出手时，身体随投篮动作向上伸展 **要点：** 保持身体平衡，投篮手手腕后仰持球，置球于投篮手的同侧肩前；蹬地的同时向前上方伸展手臂，完成出手动作；球出手后的身体随球动作	1. 徒手做投篮模仿练习 2. 自投自接或对墙做投篮练习 3. 两人一组一球互投，体会投篮动作 4. 近距离投篮练习 5. 各种角度由近及远的投篮练习 6. 规定次数或时间的投篮游戏 7. 与其他技术结合的投篮练习： （1）运球—急停（跳步、跨步）接球—投篮练习 （2）跑动—急停（跳步、跨步）接球—投篮练习

续表

动作名称	动作方法及要点	练习方法
	2.单手高手上篮 **方法**： 以右手投篮为例，右脚跨出一大步的同时接球，接着左脚跨出一小步并用力蹬地起跳，同时举球至肩上，当身体接近最高点时，右臂向前上方伸展，手腕前屈，食指、中指用力拨球将球投出 **要点**： 接球时的第一步要大，接球后的第二步要小；腾空完成球出手动作	1.行进间单手高手上篮的脚步动作练习，体会"一大、二小接起跳"的节奏 2.自抛球或运一次球后，跨第一步接球，跨第二步起跳，腾空出手的动作练习 3.一步高手上篮练习。以右手投篮为例，左脚在前，左脚蹬地向上起跳，同时右脚屈膝高抬，举球肩上将球投出 4.两步高手上篮练习。以右手投篮为例，右脚在前，左脚向前迈一步并蹬地起跳，随后的动作同前 5.运球或接球高手上篮练习

第三章
7~8岁年龄段篮球教学训练指导

第一节 训练提示

一、教学训练理念

7~8岁年龄段的孩子将会开始学习基础的篮球技能，此阶段的目标是通过以积极有趣的方式学习篮球基本功和运动技能。教练员的职责是保证每一个孩子的成功，重点应该放在让他们掌握与篮球相关的基本运动技能上，如运动能力和平衡能力，接球和投掷，从而使其具备相应的身体素质。掌握这些基本的运动技能将为孩子们建立一个良好基础，可以使他们在后期成长过程中发展出全部的身体潜能。教练员要努力确保所有的孩子能够完成指定的训练，让他们学习到好的训练技巧并享受训练的过程。要考虑到该年龄段孩子会经历身体生长的变化，如身高的增长速度减慢到约5.7cm/年，体重的增长速度略有增加，约为3kg/年。

二、身心特点介绍与指导

（1）他们的感知能力还不太成熟。
（2）他们的注意力集中时间较短。
（3）他们理解能力弱，模仿能力强。
（4）基本运动能力需要通过各种体育游戏才能得以锻炼和提高。
（5）多让他们享受篮球运动带来的乐趣。
（6）教练员要多用孩子们理解的语言进行沟通。
（7）教练员要学会创设场景，让孩子们大胆地探究学习。
（8）要采用更多的练习形式。
（9）在比赛中，要避免孩子们将注意力放在胜负上。

三、基本运动技能

该年龄段的训练必须要保持训练的全面性方法，但在最后一年，重点可以放在与篮球相关的运动技能方面。诸如身体素质（跑、跳、单脚跳等）、平衡、投掷和接取等，所有的这些动作能够通过篮球的基本技能（运球、传球和投篮）去实现。因此，训练设计要有目的性地将运动和身体等技能整合到篮球运动训练中，全面身体发展是主要目标。

（一）运动和平衡能力

定义：运动能力是指从一个位置移动到另一个位置的能力，这种能力可以有多种动作；平衡能力是维持身体状态的能力。

动作：走，双脚跳，跑，单脚跳，抬膝跳。

（二）投掷和击打

定义：投掷是用发力手将物体扔出的推进动作；击打是用手或工具接触静止或移动的物体的行为。

动作：击打球，传球，干扰球。

（三）接取和拦截

定义：接取是用手或手臂停止移动的物体并持有；拦截是指以不抓住持有的方式用任意身体部分去阻止移动的物体。

动作：单手接，胸前接，头顶抓，胸前拦截，头上拦截，投篮封盖。

（四）踢和抽射

定义：踢是通过脚的动作使一个物体（球）在空中前进；抽射是踢从手中落下的球。

动作：足球比赛中的开球，射门，转换。

（五）协调能力

定义：协调能力是指一个人在不断变化的情况下采取相应的动作以尽可能有效地达到目的的能力。它是身体移动的步骤，为了能够有效地适应不同的环境条件，以达到预期的结果。

四、教学训练指导

（一）身体发育

1. 身体发育的基本特征

大肌肉群会比小肌肉群更发达；心血管系统仍在发育中；基本的运动模式在这一阶段后期会变得更加发达，平衡能力也趋于成熟；女性协调能力会比男性发育更快；快速肌纤维（负责运动员速度爆发力的肌肉部分）的补充可以促进未来的速度能力，速度训练必须是新手热身的一部分。

2. 表现能力

孩子的有氧系统（持续时间超过 2 分钟的活动）是可训练的，但重点是在于无氧系统（持续时间超过 10 秒的快速运动或爆发运动）；他们更擅长大肌肉群的整体运动，而不是小肌肉群相互作用的精确协调运动；身体很容易受到紧张或沉重压力的影响；速度、敏捷性、平衡性、协调性和灵活性等方面会在该年龄段的最后阶段快速提高。

3. 表现指标

他们会展现出正确的奔跑，跳跃，接取和投掷技能等能力；急停、变向、变速等基本动作技巧的能力；运动能力（敏捷性、平衡性、协调性和速度）方面的发展水平；教练员要监测孩子的身姿体态是否不良（测量脚踝、臀部、肩膀、背部）。

4. 给教练员的提示

在这一阶段应该发展基本的运动技能；应制订好短时间的无氧运动和乳酸（能量快速爆发）的训练计划；耐力必须通过训练和比赛来培养；训练应该强调协调性和肌肉感觉；当孩子刚接受训练时，要重点练习提高速度（对刺激作出反应的能力，并尽可能快地移动到期望的目的地）的能力；为了能够取得进步，孩子们每周至少要运动 4 次。

（二）心理及认知能力发展

1. 基本特性

孩子们必须保持积极活跃，因为他们的注意力持续时间往往很短；他们有丰富的想象力，但理解能力有限，应该不断重复动作。

2. 表现能力

不能长时间坐着听；喜欢也需要被引导；应该不断地尝试和创造。

3. 表现指标

孩子们应该在积极的环境中表现出对游戏和学习的热情和渴望；应该表现出能够处理在活动中出现的简单问题的能力；应表现出理解团队概念的能力，以及合作、尊重和公平竞争的概念；应该专注于尽自己最大的努力成为最好的自己；应该在学习、游戏和发展的过程中获得乐趣。

4. 给教练员的提示

使用简短、清晰、简单的指令；孩子们想要动，想要参与到行动中；教练员应该采取"跟着我"的方法；必须能够提供正确的示范和纠错能力；应该鼓励孩子们的认真投入。

5. 心理技能

教练员应该在一个强调积极向上的基础上提供一个积极的环境；应该给予孩子极大的鼓励；应该保持训练简单易懂，并有良好的示范技能；应该接受鼓励，促进自我表达和自我发现；应该利用具有挑战性的活动去增加乐趣，促进成功；应该强调努力而不是结果；应该让男女队员一起参加活动；应该鼓励与同龄人的互动；应该为孩子们提供一个在学习、玩耍和发展的过程中充满乐趣的环境。

（三）情绪发展

1. 基本含义

孩子的自我概念是通过亲身经历及别人的反馈发展起来的；孩子们喜欢成为人们关注的焦点；同伴的对其的影响变得非常大；孩子想要挑战，以及去尝试各种各样的训练和动作的机会，有一种无畏的态度；孩子们懂得必要的规则和结构。

2. 表现能力

孩子们会将运动体验视为自我表达的一种形式；如果情况变得有困难，他们往往会失去信心；他们喜欢用简单的规则玩简单的游戏。

3. 表现指标

孩子会很兴奋地尝试新的训练；会要求教练员观察自己做了什么；会热情地参加训练；关于规则没有争论的余地；每个人都在参与，没有人被排除在外。

4. 给教练员的提示

教练员平时需要提供积极向上的强调；需要组织好所有的活动，这样才能保证成功；必须能够正确地评估基本技能，并为球员提供提升技术和战术发展的各种实践机会；应该尽力让孩子们感到足够舒适，以便尝试各种各样的活动；不要担心技术性的错误。

五、教学训练方法

在这个年龄段，教练员会希望孩子们去经历比赛，了解篮球，学习进攻和防守的特定技巧，并且去学习从整体到具体。在设定训练目标时，教练员必须清晰地了解到要教的内容是否能够让孩子们发挥出他们最大的能力并且能够综合地运用到运动中。以整体化的方式去展示，最终会取得让孩子们能够在比赛中对所学的东西进行灵活运用的成果。

教练员必须要清楚：

（1）必须要有一套运动教育性的训练方法。
（2）需要执行的目标任务必须是能够以尽可能综合性的方式展现出来。
（3）教练员不能够只是允许自己一味地模仿其他教练。
（4）训练要从最整体到具体，并且都是以简单的任务开始，慢慢增加难度。
（5）对于孩子们来说，任务意味着一个挑战然后再是知识。
（6）要站在孩子的角度去理解和看待他们。
（7）任何教练员构想的目标任务都必须是能够给队伍带来最好的结果。
（8）训练过程中，教练员的参与及反馈是非常重要的。
（9）要时刻记住评估孩子。
（10）要保持耐心，孩子们不会一夜之间就成为篮球运动员。
（11）教练员必须寻求能够包含多种行动的训练任务，特别是比赛中的协作与对抗，要激发孩子们的竞争欲。

六、教学训练设计

教练员应在训练课前、中、后重复日常准则。

（一）课前

教练员课前要尽早提前到达，为球员们做榜样；检查球场上潜在的危险；提前准备好所有训练教具；花点时间热身去避免受伤；当球员们到达场地时，要主动欢迎他们；接待观看训练的家庭。

（二）课中

在球场中圈集合球员；对他们展现出个人的喜爱；向他们解释训练的内容；提示重点；对个人价值观的教导。

（三）课后

提示下节课的重点；鼓励那些需要支持的孩子；给予孩子们反馈，确保他们了解教练员想传达的信息；收拾好所有训练教具。

孩子们应该在训练课前、中、后遵守日常准则，激励自己充分利用训练的时间。

（一）课前

爱护球场及设施，到达球场时主动打招呼，把所有篮球放在指定的位置；当教练员叫他们时，快速跑动并做好准备；认真听取教练员的指示，避免干扰。

（二）课中

尊重队友和教练员；当教练员叫他们时，快速跑过去；以团队至上的方式思考；每次训练或比赛后进行鼓掌；尽最大的努力。

（三）课后

球员们要负责收集并放置好所有训练用品；积极回答教练员的问题；在课程结束后集合起来打招呼。

篮球训练课程分为3个模块。

开始模块（10分钟）：包括训练的介绍和行为要求。

主要模块（30~40分钟）：在这个模块，教练员会高强度地去执行本节训练课的核心计划。

放松模块（10分钟）：在这模块，教练员会执行一些依据训练强度大小而制订的放松计划。

作为该年龄段的监管人，教练员必须知道课程的高效时段，孩子们很容易疲劳，教练员能够利用的最佳时长跨度不能超过30分钟。在训练中，假想会有一条强度弧线从小到大再到小，教练员要利用这个规律去制订课程计划。

随着赛季的进行及孩子们对训练的适应，训练时长可以慢慢增加，但一节课不要超过 90 分钟。

第二节　训练方式

对于 7~8 岁年龄段的队员，教练要着重发展运球、传球、投篮（上篮）这 3 个基本的篮球技能，并用基本技术策略帮助他们去达到比赛的要求，具体内容如下表所示。

基本篮球技能	基本技术策略
运球 传球 投篮 / 上篮	基本站姿 基本移动（改变节奏、方向、定位） 起动（找空位、变向） 转身（护球、寻找传球路线……） 急停（跳步急停、跨步急停） 控球（能够熟悉球性）

篮球技能的发展需要结合能够帮助队员去理解训练内容的篮球基本原则，具体内容如下表所示。

篮球基本原则
1. 进攻 在进攻时，面筐并及时做决策 远离球时，快速向前场移动 个人进攻时，同伴进行掩护或拉开空间 2. 防守 防守对位，注意观察对方 防守应付，双手张开 重获球权，快速发动进攻 3. 快攻 在运球前，面向进攻篮筐 跑在球的前面 向进攻篮筐移动 4. 特殊情况 开始跳球，做好准备 发边线球，快速移动制造机会 发底线球，快速移动制造机会 罚球，卡位顶抢篮板球

7~8 岁年龄段篮球运动员的训练方式示例如下。

第三章　7~8岁年龄段篮球教学训练指导

一、基本运动技能训练

基本运动技能		
需要考虑的技能要点 1.能够用一种熟练的模式展示走、双脚跳、跑、单脚跳、抬膝跳 2.在运动环境中认识开放空间的概念 3.将运动概念（方向、水平、力度和时间）与教练员指导的技巧相结合		
技能分类	训练活动	训练图解
运动技能 跑 急停 起动 平衡 跳 **篮球技能** 控球 运球 抛球 接球	（一）模仿追逐 1.学习目标 在一定空间范围内使用不同的移动技巧进行练习 2.活动设置 （1）教练员示范讲解走、双脚跳、跑、单脚跳、抬膝跳的技巧和方法，并对队员发出"走或者停"的指令或信号引导队员开始移动或停止 （2）当教练员发出"走""跑"的指令后，队员开始以走或跑的形式移动（走、跑等形式），不能出界。活动的前提是需要保证队员应在安全的活动范围内开展该活动。当教练员做出相应的移动技能时，队员要立即模仿教练员的动作进行移动，并对教练员进行"抓捕" （3）确保每一名队员都能按照要求进行，并为每个人准备一个训练专用的4号篮球，队员可以在熟练的情况下结合脚步拍球进行游戏练习	
运动技能 跑 急停 起动 平衡 跳 **篮球技能** 运球 起动 急停	（二）红灯停、绿灯行 1.学习目标 （1）在规定的范围内跑动并快速停下 （2）对声音及动作指令进行反应 2.活动设置 （1）队员站在同侧边线外，并保持安全的间隔距离 （2）教练员给队员展示如何在"绿灯"时开始起动加速，以及如何在"红灯"时停住 （3）当教练员举起绿色的目标时，队员开始跑动，当举起红色的目标时立刻停住 （4）队员可以用手运球或者抱球跑，停步时可采用两步急停	
运动技能 平衡 控制	（三）如影随形 1.学习目标 （1）学习急停和急起 （2）注意控制身体平衡 （3）提高控球能力	

061

续表

技能分类	训练活动	训练图解
篮球技能 运球 控球 抛球 接球 转身	2. 活动设置 （1）两人一组在场地内进行，教练员先讲解示范动作技巧 （2）"本身"队员移动，"影子"队员要立即跟随模仿做相同的动作 （3）可以运球练习或者进行各种抛接球和转身练习	
运动技能 跑 躲避 跳 **篮球技能** 运球	（四）躲到安全区域 1. 学习目标 快速移动，摆脱对手 2. 活动设置 （1）所有队员在指定区域内活动，分成红蓝两组，并设有两个指定区域 （2）当教练员发口令后，所有队员将在指定区域内移动 （3）教练员发出红或蓝的口令后，红方立即去抓蓝方或蓝方去抓红方 （4）被抓到的队员要到指定区域，等待队友的救援 （5）教练员可发出单脚跳或双脚跳等不同的口令，可结合运球进行游戏	
运动技能 跑 躲避 跳 转动 **篮球技能** 运球 防守 三威胁 姿势	（五）争抢立柱 1. 学习目标 提高运球能力 2. 活动设置 （1）将所有队员分成两组并站于中线附近，在三分线内放置多个不同颜色的立柱（标志桶） （2）当教练员说"开始"，两组的第一个队员出发，不同组的队员要抢指定颜色的立柱，每个队员只能拿回1个立柱 （3）当第一个队员拿回立柱后，第二个队员才能出发，先把所有立柱都拿回来的队伍获胜	
运动技能 跑 灵活性	（六）保卫萝卜 1. 学习目标 快速移动，寻找空位 2. 活动设置 （1）队员每人腰间放一块小手绢，队员之间的距离空间取决	

续表

技能分类	训练活动	训练图解
篮球技能 持球 变向	于人数和游戏的难度 （2）当教练员说"开始"，1名队员要去抢其他队员身后的小手绢 （3）当自己的小手绢被抢走后，该队员可以去抢其他人的小手绢 （4）规定时间内抢到小手绢多的队员获胜	
运动技能 跑 平衡 冲刺 跳跃 篮球技能 运球 变向	（七）吃豆人升级版 1.学习目标 （1）提高急停和反应能力 （2）在狭小空间内移动时保持好平衡 2.活动设置 （1）所有队员在指定的线上自由站好，确保每两人之间有足够的安全距离，距离空间取决于队员的数量和训练难度 （2）当教练员说"开始"，1名队员要去抓其他人 （3）队员都只能在球场的线上移动 （4）当有人被抓到，他们就交换身份 （5）教练员会突然喊道其他队员的名字或号码，被喊到的队员也要立即去抓其他人 （6）游戏可加入运球抓人	
运动技能 跑 协调性 加速 冲刺 篮球技能 空间	（八）跑酷 1.学习目标 通过过障碍物练习身体控制能力，加强身体协调性 2.活动设置： （1）将队员分成两组，每组4~5人，游戏开始后，两组各有1名队员到中圈的位置 （2）听教练员的口令，喊到哪位队员，哪位队员就先"逃跑"（沿着场地指定的障碍奔跑） （3）另一位队员则要去和教练员击掌后再去抓先奔跑的队员	

二、球性和运球训练

球性 / 运球
需要考虑的技能要点 1. 用指腹去触摸球 2. 不要击打球，用手指完全下压球

续表

球性 / 运球		
3. 保持抬头，眼睛注视前方 4. 不要在脚的正前方运球，尝试把球的落点控制在脚外侧 5. 通过改变手触碰球的位置去改变球的方向		
技能分类	训练活动	训练图解
运动技能 跑 平衡 闪躲 篮球技能 运球 空间	（一）站点球性练习 1. 学习目标 （1）注意力集中在任务上 （2）在干扰下进行球性训练 2. 活动设置 （1）把队员分成4组，每组3~4人，每人一球，空间被分成4块 （2）教练员在每个指定的区域内要求执行不同的动作。如：A-球环绕头、B-球环绕脚、C-绕八字控球、D-头顶颠球 （3）当教练员说"开始"，队员们要执行相应的动作 （4）当教练员说"垂直"，所有队员要进行垂直方向的位置交换（在图解中，位置4的队员换到位置3，位置3的队员换到位置2）。如果教练说"水平"，那么球员们进行水平方向的交换（位置4的队员到位置1，位置3的队员到位置2） （5）每次交换时长由教练员自行决定，建议15~20秒	
运动技能 急停 平衡 操控 识别区分 篮球技能 运球 变向	（二）运球同时操控物体 1. 学习目标 （1）协调运球及其他动作 （2）做到运球不看球 2. 活动设置 （1）将队员安排在一定的空间范围，每人手持一球及一个物体（可以是气球、网球、足球等，以气球为例） （2）队员先用右手运球，同时左手颠气球，不能让气球落地 （3）换手进行，右手颠气球、左手运球 （4）每次交换时长由教练员自行决定，建议15~20秒 3. 变化 （1）执行1~3次运球，并且换手（体前变向、背后变向、胯下换手） （2）用脚或者身体其他部位颠球	
运动技能 跑 急停 区分识别	（三）两球接力 1. 学习目标 （1）熟悉球性和运球控制 （2）分离上下半身的动作 （3）区分左右侧	

064

续表

技能分类	训练活动	训练图解
篮球技能 运球	2.活动设置 队员两人一组，第一个队员手持两球双手同时运球，运球到达一个指定位置后立即再运球往回走到开始的地方，把球给队友，队友要执行相同的运球 3.变化 （1）改为一手滚球、一手运球 （2）改变距离或加快速度	
运动技能 跑 躲避 滑动 区分识别 节奏 篮球技能 运球 防守滑步 投射	（四）十字路口 1.学习目标 （1）运球时抬头去观察空间及干扰 （2）提高快速运球能力 （3）提高换手运球能力 2.活动设置 （1）把队员分为4组，每组1个球，每组会被单独安排到一个游戏区域的角，在等距的位置上放置标记点（大门） （2）当教练员说"开始"，每组会尝试用最快的速度运球穿过大门到对侧 （3）队员中途不能双手拿球再运球（二次运球违例），运球时要将头抬起（避免与别人发生碰撞） 3.变化 （1）换手运球 （2）允许变向运球 （3）进行接力赛	
运动技能 运球 节奏 区分识别	（五）模仿 1.学习目标 （1）做到抬头运球 （2）观察新情况并及时做出反应 2.活动设置 （1）把队员分为两组，分别在不同的底角，一组是"领导者"，另外一组要进行模仿，在半场设置两个大门 （2）教练员要说明可以选择的路径（如运球环绕第一个标记碟，运球环绕第二个标记碟，运球用体前变向穿过大门） （3）教练员说"开始"，两边队员要以最快的速度运球往大门的方向前进	

065

续表

技能分类	训练活动	训练图解
篮球技能 运球 速度 投射	（4）一旦他们到达大门，"领导者"会选择路径（教练员要提前指定队员）然后另外一个队员进行模仿 （5）一旦穿过大门，第一个进球的队员为本队带来1分 3.变化 （1）改变运球方式 （2）用两个篮筐进行	
运动技能 运球 节奏 区分识别 篮球技能 运球 换手 投射	（六）最佳防守者 1.学习目标 （1）做到抬头运球 （2）根据防守者的反应快速做决定 2.活动设置 （1）队员在半场线排队，人手一球，教练员是"最佳防守者" （2）队员会朝教练员方向运球，此时教练员双手放下 （3）当队员靠近时，教练员会决定执行以下提到的选项：A.教练员打开右手—队员不用换手走右侧；B.教练员打开左手—队员变换运球手，并朝篮筐反向行进；C.教练员打开双手—队员后撤运球创造空间，然后等待教练员给下一步指示 3.变化 （1）加快运球速度 （2）给出不同选择机会	

三、传接球训练

传接球
（一）需要考虑的技能要点 1.手指部分触球 2.手在球的侧面 3.球放在胸口处 4.胳膊往外伸展，大拇指朝下 5.接球时，手打开，胳膊肘微屈 手指朝向天空，两个大拇指相对 （二）传球类型 1.双手胸前传球/击地传球 2.单手胸前传球/击地传球

技能分类	训练活动	训练图解
运动技能 投掷 接取 急停 跑	（一）伙伴行进间传球 1.学习目标 （1）提高运球和急停后传球能力 （2）主动去接球	

续表

技能分类	训练活动	训练图解
篮球技能 运球 投掷 接球 急停 起动	2.活动设置 （1）将队员分为两人一组，两边边线都设置队伍，在一边边线上所有队员拿球，对面队员不拿球 （2）教练员说"开始"，拿球的队员向前运球，并在中间的时候停下来将球传给对面的队友，并立即回到最开始的位置 （3）队友接球并运球到中间，将球回传并返回，依此重复达到一定次数 3.变化 （1）跳步急停后传球 （2）变化传球类型：击地传球、胸前传球等	
运动技能 投掷 抓取 协调 滑动 篮球技能 传球 接球	（二）伙伴来回传球 1.学习目标 （1）在不走步违例的情况下进行行进间传接球 （2）掌握动作，一步去接球，一步去传球 2.活动设置 （1）在底线放置两个标记碟：一个位于底线与罚球站位线交汇处，另外一个位于底线和三分线交汇处 （2）教练员把队员分为两组，每组在底线排队，靠近边线的是持球组 （3）持球队员把球传给他的伙伴并往前跑，队友接到球后把球传回去。依次循环到达另外一边 3.变化 （1）改变传球方式：单手、双手，胸前、击地传球 （2）接球后进行一次运球 （3）到达另外一边后进行投射	
运动技能 投掷 接取 滑动	（三）耍猴 1.学习目标 （1）给目标对象传球 （2）接球 （3）夺回球权 （4）寻求可传球机会 （5）转身和护球 2.活动设置 （1）在地上放置4个塑料垫形成一个边场为4~5步的四方形，在每个垫子边有1名进攻队员，其一只脚（重心脚）一直踩在垫子上，安排1~2个防守者作为"猴子"，所有组别都只有1个球 （2）教练员说"开始"，在垫子上的队员互相进行传球。与此同时，猴子会试着去触碰球	

续表

技能分类	训练活动	训练图解
篮球技能 传球 接球 防守 转身	（3）一旦猴子碰到球，则与一个进攻者互换角色，猴子可以给球施压，但是不能犯规，传球人可以转身护球并且寻找新的传球路线 3.变化 （1）改变传球的类型 （2）改变重心脚 （3）防守者手或者身体必须碰到传球	
运动技能 跑 躲避 节奏 区分识别 **篮球技能** 传球 接球 转身 防守	**（四）5次传球游戏** 1.学习目标 （1）传球并且寻找空位队友 （2）获取空位去接球 （3）无球防守 2.活动设置 （1）队员分为两队，选择活动空间大小，如半场 （2）一队尝试连续传5次球，另一队进行防守并且尝试拦截球，一旦防守方获得球权，双方互换角色，不能运球、投篮 3.变化 （1）完成规定的传球次数 （2）增加或减少活动空间 （3）允许运球（1到2次）	
运动技能 跑 躲避 节奏 识别区分 **篮球技能** 传球 接球 转身 运球	**（五）抓蚊子** 1.学习目标 （1）传球并寻求空位队友 （2）选择合适的传球和接球时机 （3）眼睛注视球和目标 2.活动设置 （1）教练员规定游戏的活动范围，如三分线内，安排猎人（4名队员）和蚊子（1到2名队员） （2）猎人只能互相进行传球（不能运球），蚊子能够自由地以最快速度进行跑动，并要避免被触碰到 （3）猎人们要手里拿球才能去触碰蚊子（不能扔球），猎人可以进行转身去触碰蚊子，以增加传球机会，若蚊子被抓到，猎人和蚊子互换角色 3.变化 （1）减少或增加活动空间 （2）团队形式开展 （3）允许1次运球 （4）蚊子可以运球	

续表

技能分类	训练活动	训练图解
运动技能 　跑 　变向 　区分识别 篮球技能 　传球 　接球 　投球 　运球	（六）快攻传球比赛 1.学习目标 （1）把球传给位于球前面的空位队友 （2）往前方跑动时眼睛盯着球去接住它 2.活动设置 （1）在三分线与三秒区延长线延伸交叉的地方放置一个标记桶，另一个在靠近边线的半场线上，在另外一个半场也做同样的设置 （2）教练员把队员分成两队，一队在三分线的点上排队，另外安排一个无球队员在半场线上的点开始，另一队也做同样的安排，并且面对不同的篮筐 （3）教练员说"开始"，队伍里第一个有球球员运球往篮筐，与此同时无球队员也跑向篮筐 （4）有球队员把球往前传并且走到半场线上的点。投球的球员拿篮板球后去排队 （5）先进球的队获一分 3.变化 （1）改变传球类型：跳停后传球、2步后传球、运球后传球 （2）改变终结的方式，可采用上篮、投篮的形式	

四、投篮训练

投篮		
（一）需要考虑的技能要点 1.指腹接触球 2.与肩同宽的站距 3.投篮手位于球后侧，辅助手在球旁边 4.膝盖微曲 5.把球投射出去并且伸展双手 6.投篮是把球传向篮筐 （二）投篮类型 1.运球后，采用跳停或者跨步急停 2.接球投篮，采用原地或者跨步急停		
技能分类	训练活动	训练图解
运动技能 　投掷	（一）投篮标准动作比赛 1.学习目标 （1）学习投篮的标准动作 （2）专注细节	

续表

技能分类	训练活动	训练图解
篮球技能 投篮	2. 活动设置 （1）把队员分为两组，每个队员手持一球，在投篮位置放置标记碟 （2）教练员向队员说明应做的标准投篮动作的分解动作，如站距与肩同宽 （3）达到一定进球数量后，教练员指示进行第二个要求（如持球时，投篮手要位于球的后侧，辅助手在旁） 3. 变化 （1）改变距离和增加移动 （2）教练员想到的任何细节	
运动技能 扔 接 跑 转 反应 篮球技能 投球 传球 篮板	（二）时钟 1. 学习目标 接球、投篮、抢篮板球 2. 活动设置 （1）把队员分为4队，给每个队在指定的距离放置标记碟，第一个队员持球，其他队员在其身后排队 （2）教练员说"开始"第一个队员进行投球，如果命中则该队伍获得1分 （3）投球人拿回篮板球后把球传给下一个队员并且到队尾排队 （4）下一个队员重复该步骤直到全队完成规定的数量 （5）一旦有队伍完成，所有队伍自动按照顺时针的方向换位 3. 变化 （1）增加投篮距离 （2）如果队员投丢，拿篮板后有一次近距离补篮机会 （3）投篮前往前运一次球	
运动技能 扔 接 跑 转 反应 区分识别 篮球技能 投篮 传球 篮板	（三）伙伴传接投篮 1. 学习目标 （1）投篮 （2）准备好接球动作 2. 活动设置 （1）队员两人一组一球，队员依据教练员的指示选择投篮位置 （2）有球队员进行投球，自己拿篮板，转身，把球传给伙伴。传球后，跑到其他位置 （3）无球队员要做好准备接球姿势 3. 变化 （1）增加投篮距离 （2）投球前进行运球 （3）如果投丢球，提供第二次得分机会，但是要在球落地前接到篮板球	

续表

技能分类	训练活动	训练图解
运动技能 投掷 转动 反应 被区分 **篮球技能** 投篮 篮板 转身	（四）在指定点运球后的跨步急停 1. 学习目标 （1）在塑料垫上投篮 （2）掌握投射前分解动作 2. 活动设置 （1）队员人手一球，在场地上放置不同的塑料垫或者圈让队员踩 （2）所有队员站在三分线后，教练员说"开始"，队员运球到空位点，做跨步急停，把一只脚踩上塑料垫并且收另外一只脚进行急停 （3）队员进行投篮后拿回自己的篮板球，并且回到三分线上的不同点进行投射 3. 变化 （1）增加投篮范围 （2）采用自传形式，靠近标记点开始，抛球，并且在投射前执行"1-2-停"	

五、上篮训练

上篮
（一）需要考虑的技能要点 1. 协调运球及收球 2. 收球后往篮筐的两步要协调 3. 抬起同侧的手脚（例：右手和右膝，左手和左膝） 4. 学习脚步（右侧：先迈右脚，再迈左脚，右手、右膝抬起；左边：先迈左脚，再迈右脚，左手、左膝抬起） （二）上篮类型 1. 自然上篮（如右手运球，第一步迈左脚） 2. 接球后上篮（跑动中接球后同时迈出第一步） （三）不同角度 1. 常规上篮 2. 环绕上篮 3. 反身上篮 （四）不同的持球方式 1. 过肩上篮 2. 低手上篮

续表

技能分类	训练活动	训练图解
运动技能 平衡 跑 跳 眼脚协调 篮球技能 上篮 脚步	（一）给教练一个击掌 1.学习目标 （1）协调跑动和跳跃 （2）学会抬膝和起跳 2.活动设置 （1）在地面上放置2个塑料垫间距1m，最后一个垫子离篮筐距离1m左右。球员们在第一个塑料垫排队，教练站在靠近篮筐的位置，伸出一只手 （2）以右侧为例，教练员站在右侧，伸出右手与队员击掌 （3）第一个队员迈右脚踩上第一个塑料垫，然后左脚踩在另一个塑料垫，接着起跳用右手和教练员击掌（抬起右膝） （4）落地后，跑去另外一端的队尾进行排队，等待重复同样的动作 3.变化 （1）从三分线开始，队员进行跑动 （2）增加运球，队员运球、收球、踩垫子并投球	
运动技能 平衡 跑 跳 眼脚协调 篮球技能 运球 上篮脚步	（二）自由上篮 1.学习目标 （1）协调跑动和跳跃 （2）学会抬膝和起跳 （3）提高运球、收球及上篮能力 2.活动设置 （1）在篮下放置一些相同颜色的标记垫，队员拿球并观察球场 （2）教练员先告知用哪只手运球，然后说"开始"，队员去寻找没有人的垫子 （3）运球靠近标记垫，正确地收球，迈步踩垫，起跳出手 （4）完成出手后，尽快拿下篮板球，运球到另外一边重复练习 3.变化 （1）换手运球 （2）要求在同个篮筐完成3次投球，然后换到另外一边 （3）在一边用右手运球，在另一边用左手运球 （4）当穿过中场线时，必须停下 执行一个控球练习（如球环绕头3次）	
运动技能 平衡 跑	（三）上篮比赛 1.学习目标 提高运球，收球及上篮能力	

续表

技能分类	训练活动	训练图解
跳 眼脚协调 **篮球技能** 运球 上篮脚步 传球	2. 活动设置 （1）把队员分为4组，每组一球，在三分线上列队，第一个队员拿着球，其他队员排在其身后 （2）当教练员说"开始"，每组的第一个队员运球向篮筐，迈两步后出手 （3）出手后，自己拿篮板球，运球回到队列后把球传给下一个队员，该队员执行相同的动作 （4）第一个完成规定次数的队伍胜利 3. 变化 如果第一次投丢，可以进行补篮	
运动技能 跑 跨越 **篮球技能** 运球 上篮 脚步	（四）追逐游戏 1. 学习目标 在压力下执行上篮 2. 活动设置 （1）把队员分成两组，队员人手一球，在底线设置两个距离为2m的标记点，在篮筐前面同样设置2个与底线相同颜色的标记点 （2）队伍排在标记点后面，靠近篮筐的队伍进行投篮，另一队去触碰他们 （3）然后教练员说"开始"，投篮队员运球绕过指定的点并尝试上篮。若能在不被触碰到的情况下进球，则给本队得1分 （4）与此同时，追逐者运球绕过指定的点后去触碰投篮队员，若在投篮队员进入投篮前将其触碰，则给本队得1分 （5）完成一定次数后互换角色 3. 变化 采用不同的上篮类型（角度）	

六、急停和起动训练

急停 / 起动
需要考虑的技能要点 1. 练习跳停或者跑动跨步急停 2. 急停时，屈膝，双脚打开与肩同宽 3. 双手手指施压紧握篮球 4. 运球和迈步同时进行 5. 急停时拿住球及运球方法

续表

技能分类	训练活动	训练图解
运动技能 跑 急停 平衡 篮球技能 运球 急停 转身	（一）在点上急停 1.学习目标 （1）学习如何在平衡下急停 （2）起动运球时不会违例 2.活动设置 （1）所有队员人手一球并散开，在游戏区域内随意放置塑料垫 （2）教练员先讲解动作（用内侧脚进行跨步急停） （3）教练员说"开始"后，队员寻求空位，根据教练员的指示执行急停（用右手运球，先用左脚踩到垫子上，再用右手起动运球），直到停止游戏 3.变化 （1）改变运球手 （2）改变重心脚 （3）改变起动脚 （4）增加转身动作 （5）增加假投或者试探步	
运动技能 反应 跑 跳 篮球技能 运球 急停 投射	（二）交通指引者 1.学习目标 （1）快速起动运球 （2）准确选择运球方向 2.活动设置 （1）队员手持球面对着教练员排成一队，前面放置一个塑料垫 （2）教练员是交通指引者，指定重心脚，以及要往哪个方向运球 （3）队员一开始会把重心脚保持在塑料垫上 （4）教练员说"开始"，队员要准备好，并且根据指示快速做反应：教练员展开右手，球员走左边；教练员展开左手，球员走右边 3.要点 （1）如何终结：上篮或者急停投篮 （2）选择出手角度 （3）根据教练员的手部动作及时做出反应	

七、转身训练

转身
需要考虑的技能要点 1.学会保持一只脚不动，另一只脚可以自由移动（向前或向后）

续表

转身		
2. 为了实现有效的转身动作，脚必须发力转动		
3. 必须让球尽可能远离防守人，并保持用眼睛观察		
4. 避免单纯的转身练习，可以和其他技能结合到一起训练		
技能分类	训练活动	训练图解
运动技能 扭转 篮球技能 转身 急停	（一）回家 1. 学习目标 （1）强化转身动作 （2）快速寻求空位 2. 活动设置 （1）球场上放置一些塑料垫子，队员人手一球 （2）教练员说"开始"后，队员可以自由地在场上运球，但是不能够踩在垫子上 （3）当教练员说"每个人都回家"时，所有队员要寻找最近的一个空垫子，把一只脚踩在上面，然后开始转身 （4）当教练员再次说"开始"，队员离开位置并再次自由运球 3. 要点 （1）左右手运球均衡 （2）指定重心脚	
运动技能 扭转 反弹 平衡 篮球技能 运球 转身	（二）运球与转身护球对抗 1. 学习目标 （1）强化转身动作 （2）护球时让球远离防守人 2. 活动设置 （1）在场地上放置一些塑料垫，在每个塑料垫上，会有1名队员持球，但他们不能运球，其他在塑料垫外的球员为抓人角色，也是每人一球 （2）教练员说"开始"后，抓人者会运球并尝试去触碰在圆垫上的队员 （3）在圆垫上的队员会通过转身去保护球（重心脚一直踩在圆垫上） （4）如果抓人者触碰到球，双方互换角色 3. 要点 （1）左右手运球均衡 （2）规定重心脚 （3）适时调整活动空间	
运动技能 跑 平衡 滑动	（三）1对1转身 1. 学习目标 （1）强化转身动作 （2）护球时让球远离防守人	

075

续表

技能分类	训练活动	训练图解
篮球技能 运球 转身 防守	2. 活动设置 （1）两人一组分散到球场上，持球队员进攻，无球队员防守 （2）教练员说"开始"后，进攻队员运球并且尝试保持球权，同时防守队员尝试去触碰球 （3）当教练员说"停"，持球队员会停住，双手收球并转身进行护球，防守者会尝试去触碰 （4）当教练员再次说"开始"，队员互换角色重新开始训练 3. 要点 （1）逐渐减少空间 （2）在重复几次后改为攻筐的1打1	
运动技能 投掷 接取 滑动 篮球技能 传球 接球 防守 转身	（四）耍猴 1. 学习目标 （1）给目标对象传球 （2）夺回球权 （3）寻求可传球机会 （4）转身和护球 2. 活动设置 （1）在地上放置4个塑料垫形成一个边场为4~5步的四方形，在每个垫子边有1名进攻队员，其一只脚（重心脚）一直踩在垫子上，安排1~2个防守者作为"猴子"，所有组别都只有1个球 （2）教练员说"开始"，在垫子上的队员互相进行传球。与此同时，"猴子"会试着去触碰球 （3）一旦猴子碰到球，则与一个进攻者互换角色，"猴子"可以给球施压，但是不能犯规，传球人可以转身护球并且寻找新的传球路线 3. 要点 （1）改变传球的类型 （2）重心脚要轮换 （3）防守者手或者身体必须碰到传球	
运动技能 投掷 接取 跑 躲避 平衡	（五）置球于标志碟的传球游戏 1. 学习目标 （1）把球传给空位队友 （2）寻找空位去接球 （3）评估最佳选择 2. 活动设置 （1）把队员分成两队，只用1个球，在底线和三分线相交的位置放1个标记碟 （2）两队进行比赛，但是不能运球，把球成功放进任意一个	

续表

技能分类	训练活动	训练图解
篮球技能 　传球 　接球 　防守 　转身 　运球	标志碟都算得1分 3.要点 （1）传球、跑位速度和防守脚步要快 （2）持球过程中要注意护球	

八、进攻训练

进攻		
需要考虑的技能要点 1.进攻训练应该根据队员的水平进行调整 2.战术组成不应该超过1对1的情况，要不断去发展1对1和传球 3.其余的队员要拉开空间		
技能分类	训练活动	训练图解
运动技能 　跑 　躲避 　冲刺 　跳 　滑步 篮球技能 　运球 　投篮 　防守	（一）全场1对1攻防 1.学习目标 （1）阅读防守位置 （2）寻找攻击空位 2.活动设置 （1）队员将被分成攻防两队，进攻队员在底角持球，防守队员在同侧中场边线位置 （2）教练员说"开始"后，进攻队员要尽快运球到对面的篮筐，防守队员要尽快跑去拦截球 （3）如果进攻队员投中，或者防守队员抢回控球权，回合结束 3.变化 （1）缩小活动空间 （2）限制运球次数	
运动技能 　跑 　躲避 　冲刺 　跳 　滑步	（二）摆脱接球1对1攻防 1.学习目标 （1）阅读防守位置 （2）寻找攻击空位 （3）如果没有攻筐机会，寻找传球机会 （4）传球后迅速切入篮下 2.活动设置 （1）将队员分成攻防两队，进攻队员持球在半场夹角处，防守队员在同侧底角，教练员在弧顶	

续表

技能分类	训练活动	训练图解
篮球技能 运球 投篮 防守	（2）教练员说"开始"后，进攻队员要尽快运球到对面的篮筐，防守队员要尽快跑去拦截球 （3）进攻队员的第一目标是进攻篮筐，如果不成功，可以把球传给教练员，然后切入篮下，等待接回传球 3.变化 限制运球次数	
运动技能 跑 躲避 冲刺 跳 滑步 **篮球技能** 运球 投篮 传球 防守	（三）边线1对1攻防 1.学习目标 （1）从具有优势的角度阅读防守位置 （2）评比最佳选择 2.活动设置 （1）队员将队员分成攻防两组，都在半场边角，进攻队员在外侧持球，防守队员在内侧平行位置 （2）当教练员说"开始"后，进攻队员要尽快运球到篮下，防守队员要快速跑动并试图阻止球 （3）进攻队员要理解阅读防守位置 ①防守队员在后面——不要停下来，寻找上篮机会 ②防守队员在旁边——改变运球节奏 ③防守队员在前面——换手变向运球 3.变化 限制运球次数	
运动技能 跑 躲避 冲刺 跳 滑步	（四）一个大门1对1攻防 1.学习目标 （1）识别空位 （2）在防守压力下换手变向 2.活动设置 （1）将队员分成攻防两组，进攻队员在中场中路列队人手一球，防守队员在三分线等待自己的回合，同样各手持一球 （2）在罚球线的两端放置一对标记碟，规定进攻队员要运球通过的空间——大门，1名防守队员在此防守 （3）教练员说"开始"后，进攻队员要尝试运球通过"大门"进行投篮，防守队员要进行阻止 （4）防守队员用两只手握球，只能用球触碰对方的球，并且至少有一只脚一直踩在罚球线上 （5）在进攻中，球员可以运球穿过大门，然后在没有防守的情况下投篮 （6）当防守队员碰到对方的球时，回合结束	

续表

技能分类	训练活动	训练图解
篮球技能 　运球 　投篮 　防守	3. 变化 （1）防守队员可以用一只手握球，用另一只手防守触球 （2）防守队员不持球 （3）防守球员可以在三分线和罚球线之间移动 （4）改变门的大小	
运动技能 　跑 　躲避 　冲刺 　跳 　滑步 篮球方面 　运球 　投篮 　防守	（五）两个大门的 1 对 1 攻防 1. 学习目标 （1）识别空位 （2）在防守压力下换手变向 2. 活动设置 （1）将队员分成攻防两队，进攻队员在中场中路人手一球，1 名防守队员在弧顶准备，其他人在三分线外等待自己的回合 （2）在罚球线肘区的两边各放两对标记碟，形成两个大门 （3）教练员说"开始"后，进攻队员要尝试运球穿过大门投篮，防守队员迎上防守，但不能通过大门，一旦进攻队员运球通过其中一个大门或防守队员抢到球，回合结束 3. 变化 改变门的大小	
运动技能 　跑 　躲避 　冲刺 　跳 　滑步 篮球技能 　运球 　投篮 　防守 　篮板 　运球	（六）运球前的 1 对 1 攻防 1. 学习目标 （1）在开始进攻之前做好准备 （2）评比最佳选择投篮或上篮 2. 活动设置 （1）将队员分为攻防两组，分别在篮下两侧底线外列队，教练员在中间位置拿 1 个球 （2）教练员把球扔出去，进攻队员跑过去拿到球并开始进攻 （3）与此同时，防守队员也会迅速展开行动，准备开始防守，但在此之前要先去摸一下教练员的手 （4）进攻队员将自己决定他们是否该投篮（防守队员离得远）或者运球（防守队员离得近） 3. 变化 （1）调整抛球或列队的距离 （2）取消防守方先前的行动 （3）限制运球次数	

九、防守训练

防守		
（一）需要考虑的技能要点 1. 队员首先要理解防守的概念，而不是防守步法 2. 要尽可能让被防守人不运球、不投篮、不传球，也不接球 3. 防球时身体要在球和篮筐之间 4. 无球防守时要紧跟自己防守的人 5. 尽可能阻断传球人的脚步 （二）注意 之前所有进攻部分的训练同样可以用来练习防守		
技能分类	训练活动	训练图解
运动技能 跑 躲避 节奏 识别区分 篮球技能 传球 接球 转身 防守	（一）5次传球游戏 1. 学习目标 （1）寻找并传球给空位队友 （2）跑到空位去接球 （3）熟悉有球和无球的防守 2. 活动设置 （1）将队员分成两队，确定好活动空间大小，如半场 （2）一队尝试连续5次传球，另一队防守并尝试断球，一旦断球成功，两队互换进攻和防守角色 （3）不准运球或者投篮 3. 变化 （1）完成不同次数的传球 （2）适时改变活动空间 （3）允许运球（1~2次）	
运动技能 跑 躲避 节奏 识别区分	（二）人盯人的5次传球 1. 学习目标 （1）寻找空位队友及传球 （2）跑空位接球 （3）熟悉有球和无球的防守 （4）寻求让自己防守的人处于劣势的位置 2. 活动设置 （1）将队员分成两队，确定好活动空间大小，如半场，所有的防守队员从半圈开始 （2）一队尝试连续5次传球，另一队防守并试图断球，一旦球被断，双方互换角色，比赛将在半圆形从新防守人开始 （3）不准运球或者投篮	

续表

技能分类	训练活动	训练图解
篮球技能 传球 接球 转身 防守	3. 变化 （1）完成不同次数的传球 （2）适时改变活动空间 （3）允许运球（1~2次）	
运动技能 跑 躲避 冲刺 跳 滑步 篮球技能 运球 投篮 防守 篮板	（三）全场三个大门间1对1 1. 学习目标 （1）让身体挡在球跟篮筐之间 （2）用手去断球 （3）保持与进攻队员的距离（不要犯规） 2. 活动设置 （1）将队员分成攻防两队，所有的进攻队员手持一球在浅肘区，防守队员在对侧短侧肘区，在地板上设置3对标记碟作为大门 （2）教练员说"开始"后，进攻队员尝试运球通过所有的大门，在对面篮筐得分，防守球员会试图夺回球权，也需要穿过大门 （3）一旦进攻队员投篮或者防守队员抢断球，回合结束 3. 变化 （1）改变大门数量 （2）改变大门大小	
运动技能 跑 躲避 冲刺 跳 滑步 篮球技能 运球 投篮 防守 篮板	（四）击掌1对1 1. 学习目标 分别了解在有球防守（球和篮筐之间）和无球防守（人球之间）时的站位 2. 活动设置 （1）将队员分成攻防两队，教练员站在弧顶进攻队员手持一球，将球交给教练员后开始 （2）进攻队员和防守队员将在侧翼相遇（三分线和罚球线的延伸处相遇），进攻和防守队员举起双手击掌后开始攻守 （3）进攻队员试图获得空位接球，防守队员尽量不让对方队员接球 （4）一旦进攻队员接到球，可以尝试投篮或运球攻击篮筐 3. 变化 （1）防守只能在三分线内 （2）从篮下开始进攻	

十、快攻训练

快攻		
需要考虑的技能要点 1. 要遵循的快攻原则 （1）在运球之前，先面筐 （2）跑在球的前面 （3）朝向篮筐快速移动 2. 技术要求 （1）快速运球时，把球向前推，抬头看两边 （2）传球跳停后，两步（上篮）传球，运球 （3）没有队员跑动，眼睛盯着球，手准备接球		
技能分类	训练活动	训练图解
运动技能 　跑 　投掷 　接取 　滑步 篮球技能 　运球 　传球 　接球 　空间感 　投篮	（一）全场3对0 1. 学习目标 （1）掌握快攻路线 （2）掌握快攻的技术要点：如何传球，如何接球 2. 活动设置 （1）将队员分成3组，都位于底线，中间为持球组，其他两组分别在底角三分线的位置 （2）教练员说"开始"后，持球队员一直运球，寻找第一个准备好接球的队友，无球队员要跑到球的前面去接球 （3）队员将球传给空位的队友，队友投篮得分 3. 要求 （1）两次传球完成回合 （2）让持球人在过半场前传球	
运动技能 　跑 　投掷 　接取 　滑步 　识别区分	（二）转圈全场3对0 1. 学习目标 （1）体验在不确定的位置发起快攻 （2）掌握快攻的技术要点：如何传球、如何接球 2. 活动设置 （1）把队员分成3组，都位于底线，中间组为持球组，其他组分别在底角三分线的位置，教练员站在罚球线 （2）每组的第一名队员做好准备后站在教练附近，持球人把球给教练员 （3）当教练员说"开始"后，3名队员将沿着标记点的同一个方向开始跑，并以罚球线的半圆作为参考 （4）教练员在投球的同时说出其中一名队员的名字 （5）该队员要立刻跑去抢篮板球，并开始运球，同时无球队友要跑开空间寻求接球机会	

续表

技能分类	训练活动	训练图解
篮球技能 　运球 　传球 　接球 　空间感 　篮板 　投篮	（6）迅速接传球完成投篮 3. 要求 （1）两次传球完成回合 （2）被叫到的队员必须要抢到篮板球	
运动技能 　跑 　投掷 　接取 　识别区分 篮球技能 　运球 　传球 　接球 　空间感 　篮板 　防守	（三）半场2对1 1. 学习目标 （1）快速研判传球或投篮 （2）获得空位接球 2. 活动设置 （1）将队员分成3组，都在半场线，中间为持球组（防守），其他两组分别在边线附近（进攻） （2）教练员说"开始"后，持球人将球传给左边或右边的队员，然后开始防守 （3）接到球的进攻队员需要判断是把球传给空位的队友还是运球到篮下 （4）无球球员要跑到篮下，准备从队友那里接球 （5）比赛将在进攻队员中篮或防守队员抢断、抢篮板球后结束 3. 变化 （1）全场比赛，从底线开始 （2）限制运球次数	
运动技能 　跑 　投掷 　接取 　识别区分	（四）圆圈全场3对1 1. 学习目标 （1）体验从不确定的位置展开快攻 （2）掌握快攻的技术要点：如何传球、如何接球 （3）提高在对抗下的终结能力 2. 活动设置 （1）把队员分成4组，都在底线，一组持球，教练员站在罚球线 （2）每组的第一名队员从教练员附近开始，并把球给教练员 （3）当教练员说"开始"后，队员沿着标记点的同一方向开始跑，并以半圆作为参考 （4）教练员说出其中一名防守队员的名字，同时将球放在地上 （5）被叫到名字的队员要跑到对面篮下去防守 （6）其他3名队员中的一人拿起球，并开始快攻，要遵循球在中间，无球队友跑在两边拉开空间的原则	

续表

技能分类	训练活动	训练图解
篮球技能 运球 传球 接球 空间感 篮板 防守	3. 要点 （1）只允许 1~2 次运球 （2）防守要给拿球人压力 （3）训练一段时间后，可增加一名防守队员	

十一、比赛指导

比赛时间
指导
（一）需要考虑的常规要点 1. 这个年龄段的孩子会开始发展出对比赛的理解能力，但仍有局限性。所以给他们的指导应该尽可能简单，如"不要聚在一起""向前面传球"等 2. 他们仍处于心理发展的"自私"阶段，所以一对一的行动将占主导地位 3. 比赛时不要使用记分牌 （二）进攻要点 1. 持球队员需要快速运球到对面的篮筐 2. 无球队员需要跑在球的前面，盯着球 3. 当队友空位时，持球队员要尝试传球 4. 进攻必须要有一定的空间 5. 快攻会主导着进攻 （三）防守要点 1. 全场紧跟自己防守的人 2. 不让自己防守的人运球、传球、投篮，也不让接球 3. 可以根据球和篮筐的位置去调整站位 4. 可以主动进行协防，离开自己的防守目标并试图阻止持球队员
特殊情况
一、介绍 这个阶段是一个可以向孩子们介绍篮球比赛中的特殊情况下，遵循正确的方法和观点的好时期，可以向他们解释在每种情况下要做什么事情，为什么会发生类似情况，以及如何解决主要问题。但一定不要用成年人的比赛行动去解释 二、跳球开始 队员需要明白比赛以跳球开始，以及在球场上的站位和可能的犯规，如跳球人用双手跳起接球，或者其他队员提前进入圆圈

续表

特殊情况

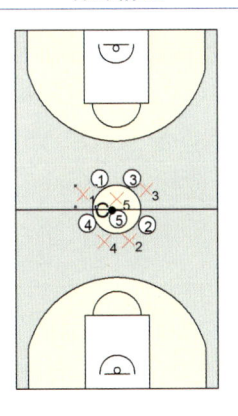

三、发边线球、底线球

队员要了解到，当球触到球场边界外的地板时，比赛将停止，最后触碰到球让球出界的一方会成为防守方，同时另一方将会发界外球进行进攻；另一种可能的情况是当进攻方进球后，防守方需要跑到界外发球

当发球队员传球时，双脚要保持在球场外（不要踩到线上），另一名队员则需要双脚在球场内接球

基本的进攻战术原则是队员分散（不要聚一起），然后跑到空位上。用空间概念理解，即"一开始远离球，然后切向球"和"进攻球员不能共享同一个空间"

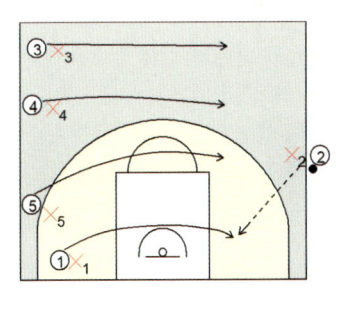

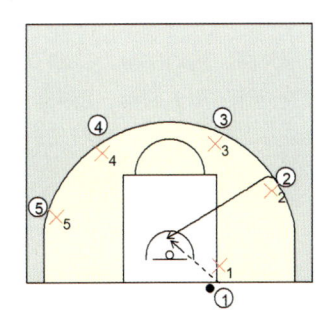

四、罚球

队员需要明白什么是投篮犯规，以及犯规的后果（进攻的球队在没有对手的情况下有 2 次或 3 次罚球线投篮的机会）。教练员要告诉队员罚球时的站位要求：3 名防守球员及 2 名进攻球员，如图所示站位，剩下的队员要站在三分线外。此外，重要的是要告诉罚球的队员可能会涉及的违规，如踩线或提前踩线

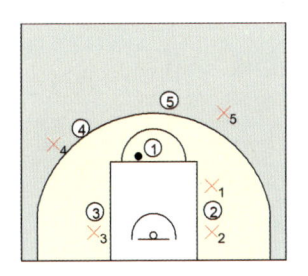

第三节　篮球技术动作与练习方法

对于该年龄段的队员，从掌握篮球技能的角度而言，教练员应明确两点。

（1）进一步改进、提高和巩固5~6岁年龄段习得的技术动作，既可以运用此前的练习方法，也可以提高练习方法的难度或技术动作的要求，以提高动作质量。

（2）选择更为复杂的技术动作作为教学内容，多以篮球比赛中易出现的情况进行练习。

动作名称	动作方法及要点	练习方法
多方向起动和加速跑	**方法：** 从基本站立姿势开始，向前起动时前脚掌短促有力地蹬地，同时上体迅速前倾或倒转，向跑的方向移动重心，手臂协调摆动，迅速向跑的方向迈出。起动后，前两步应短促、迅速 **要点：** 移动重心，上体前倾或倒转，用力蹬地，前两步要小而快	1. 基本站立做原地碎步开始，听或看到信号起动快跑 2. 各种情况和状态下沿端线做各种脚步练习，听或看信号向不同方向起动快跑 3. 二人一组，一人面向场地，另一人从其身后将球抛出，前面的人看到球后立即将球接住 4. 原地运球，听或看到信号起动快速运球
变向跑	**方法：** 以向左变向为例，跑动中最后一步是右脚落地，脚尖向左转，用力蹬地，上体向左转，同时左脚向左方快速迈步；向右变向时动作相反 **要点：** 向左变向右脚蹬地，向右变向左脚蹬地；变向的第一步向斜前方迈步要快	1. 快速跑动中体会变向跑动作。向斜前方慢走一定的步数（5步或3步）后突然加速变向，再向相反方向的斜前方慢走一定的步数（5步或3步）后突然加速变向 2. 两人攻防时，进攻队员通过改变方向跑摆脱防守队员
变速跑	**方法：** 跑动中从快速跑转变为慢速跑，再迅速转变为快速跑 **要点：** 步幅与步频的变化	1. 根据教练员的"加速""减速"口令，做出变速反应 2. 1对1练习，通过变速摆脱防守队员
后退跑	**方法：** 跑动中前脚掌着地向后发力蹬地，身体稍前倾，手臂自然摆动。膝盖微屈，保持重心稳定 **要点：** 前脚掌着地，控制好身体平衡	1. 端线开始至前场，后退跑练习 2. 原地碎步接后退跑练习 3. 后退跑接转身冲刺跑练习

续表

动作名称	动作方法及要点	练习方法
急停	1. 跳步急停（一步急停） **方法：** 跑动中，用单脚或双脚起跳，上体稍后仰，双脚平行或稍有前后同时落地，并屈膝降重心，保持身体平衡 **要点：** 单脚或双脚起跳，双脚同时落地，屈膝保持身体平衡 2. 跨步急停（两步急停） **方法：** 跑动中跨步急停时，先向前跨一大步，上体后仰，用脚跟先着地，然后过渡到全脚掌抵住地面，迅速屈膝；接着再上第二步，脚着地时，脚尖稍向内转，用脚前掌内侧蹬地，两膝微屈，重心落在两脚之间。徒手急停时，双臂屈肘自然张开，保持身体平衡 **要点：** 第一步要大且脚跟先抵地，第二步前脚掌内侧蹬地，两膝弯曲，减缓向前的冲力，保持身体平衡	1. "之"字形走两三步做跨步急停 2. 自抛自接球"之"字形走两三步做跨步急停 3. 慢跑3~5步做跳步急停 4. 运球跳步急停或跨步急停 5. 接同伴不规律传球跳步急停或跨步急停
控制球转身	**方法：** 运球过程中，一脚为轴，另一脚前脚掌内侧蹬地，以肩带腰向前或向后转动，同时迅速从中枢脚前面或后面跨过落地。转身过程中，身体重心要在一个水平面上，不能上下起伏，随身体转动向前拉动球 **要点：** 转身时保护球，身体重心保持平稳	1. 基本站立姿势，原地运球做前转身和后转身90°、180° 2. "之"形跑动中连续做运球后转身 3. 两人一组，一人运球，另一人防守。防守人试图用手触碰球，运球人利用前（后）转身保护球。练习一定的时间后，攻守交换
传接球	1. 双手胸前传球 **方法：** 基本姿势站立，双手持球于胸腹之间部位。传球时，后脚蹬地，身体重心前移的同时，前臂迅速向前伸展，手腕由下而上翻转，继而拇指下压，最后通过食指、中指用力拨球将球传出。出球后，手心和拇指向下，其余四指指向传球方向 **要点：** 手指急促地由下而上翻转，继而由内向外	

续表

动作名称	动作方法及要点	练习方法
传接球	翻转（拇指下压），食指、中指用力拨球 2. 单手胸前传球 **方法：** 以右手传球为例，持球方法与双手胸前传球相同。传球时，上体稍右转左手推球，右手引球到右侧胸部位置，左手离开球，右手持球的侧后下方，伸臂、屈腕，食指、中指用力拨球将球传出 **要点：** 传球手手腕后屈，急促用力前扣；食指、中指用力拨球 3. 反弹传球 **方法：** 反弹传球是将球通过地面反弹传给同伴的一种传球方法，其动作方法与其他传球方法相似。主要区别在于改变传球出手时的位置和用力方向，并选择好击地点。反弹传球时，伸臂方向是向前下方，手的用力点在球的后上方。击地点一般在距离接球人的三分之一处 **要点：** 传球手的用力点在球的后上方，出球要快，击地点适当 4. 肩上传球 **方法：** 肩上传球的动作方法与其他传球方法相似。主要区别在于将球后引于肩上，通过上臂带动前臂，然后屈腕拨指，类似鞭打动作将球传出 **要点：** 引球手掌朝前，传球时的鞭打动作要快速	1. 两人一组，5m 左右距离，进行双手胸前传接球练习 2. 两人一组，5m 左右距离，进行单手胸前传接球练习 3. 两人一组，5m 左右距离，进行双手击地传接球练习 4. 两人一组，5m 左右距离，进行单手击地传接球练习 5. 两人一组，5m 左右距离，进行行进间传球接球练习 6. 两人一组，3m 左右距离，运球结合传接球练习 7. 两人一组，5m 左右距离，进行单手肩上传接球练习
运球急停急起	**方法：** 运球队员在行进间通过节奏的变化，结合急停和急起的脚步动作完成运球 **要点：** 急停时，采用侧身并两步急停方式，重心要下降。急起时，后脚迅速蹬地，侧肩推球加速	1. 原地高低运球练习 2. 行进间慢速体会急停急起的运球练习 3. 在教练员的口令下，体会急停急起的动作 4.1 对 1 运球急停急起对抗练习

续表

动作名称	动作方法及要点	练习方法
投篮	**方法：** 以右手投篮为例，右脚在前，左脚稍后，脚尖指向篮筐，两膝微屈，重心在两脚之间。右手五指自然分开，手腕后仰，手指和指根持球的后下方，左手扶在球的左侧上方，置球于右肩前。投篮时，蹬地的同时，向前上方伸展手臂，左手自然离球，右手手腕前屈，食指、中指用力拨球将球拨出。球出手后，身体随投篮动作向上伸展 **要点：** 保持身体平衡，投篮手手腕后仰持球，置球于投篮手的同侧肩前；蹬地的同时向前上方伸展手臂，完成出手动作；球出手后有身体随球动作	1. 徒手做投篮模仿练习 2. 近距离投篮练习 3. 与其他技术结合的投篮练习： （1）运球—急停（跳步急停，跨步急停）接球—投篮练习 （2）跑动—急停（跳步急停、跨步急停）接球—投篮练习 （3）传球—接同伴回传球—投篮练习
上篮	**方法：** 单手高手上篮（行进间单手肩上投篮）以右手投篮为例。右脚跨出一大步的同时接球，接着左脚跨出一小步并用力蹬地起跳，同时举球至肩上，当身体接近最高点时，右臂向前上方伸展，手腕前屈，食指、中指用力拨球将球投出 **要点：** 接球时的第一步要大，接球后的第二步要小；用力腾空完成球出手动作	1. 行进间运球高手上篮练习 2. 行进间接球高手上篮练习 3. 运球过障碍后行进间高手上篮练习
滑步	**方法：** 侧滑步为例，一脚脚掌内侧蹬地同时，另一脚向同侧跨出，落地的同时另一脚紧随滑动，向另一脚靠拢 **要点：** 重心保持平稳，两脚不能交叉	1. 原地碎步练习 2. 向左或向右滑步，练习第一步的反应 3. 从端线开始到罚球线，做慢速滑步练习 4. 半场滑步练习 5. 1对1对抗，滑步练习

第四章
9~10 岁年龄段篮球教学训练指导

第一节　训练提示

一、教学训练理念

9~10 岁是儿童运动能力发展的最重要时期，教练员必须继续训练和发展其运动能力，掌握篮球基本原理，制订更适合这个年龄段的训练计划。教练员还应该向这个年龄段的队员介绍篮球基本技战术和辅助技能，包括热身和放松、伸展运动、补水和营养、恢复和再生，以及心理准备等。

至于训练与比赛的问题，需要找到一个平衡点，可以通过比赛使球员在竞争性环境中运用自身技能并培养赛场感觉，但比赛数量及安排不能影响球员的整体训练和发展。

二、身心特点介绍与指导

（1）该年龄段的孩子思维能力正在发展，他们变得更有主见，更能在各种方案中作出选择，能持续认可自我的重要性，教练员要提供大量有益的经验。

（2）他们合作和开放的意愿在增强，投入到团体运动中的状态也越来越好，能够更多地与他人进行联系，更能理解他人，逐步认同队友。教练员要强调外部符号的共性（球衣等），并通过比赛逐步建立团队意识。

（3）他们已经持有对共同目标的基本理解，因此教练员要为其制定共同的目标。

（4）他们的注意力仍旧薄弱多变，但是也在逐渐增加。

（5）他们的理解能力逐步提高，但教练员讲解应该结合比赛场景，语言一定要精练，重点突出。教学过程中，直观示范仍然是最好的教学方法。

（6）他们会充满好奇心，教练员要提供给其获取新经验和新思路的机会。

（7）他们的竞争意识逐渐提升，教练员可开始引入（但不能用严格"训练"的方式）涉及运球、传球、投篮、防守之类技巧的体育比赛。

（8）他们渴望大量的活动和运动，并能意识到自己的身体，而且想要了解自己身体能力的极限，大部分可以完全接受训练的要求，教练员应采用各种练习比赛。在这个年龄段，他们可以学会大量不同的动作与步法，在上一个年龄段所学到的粗糙的技术动作，将会得到发展，变得纯熟。

（9）他们的协调能力会加强，能更好地控制大大小小的肌肉群，能很好地执行动作。

（10）他们可以自己照顾自己，自己准备自己的训练用品和装备。

（11）这个年龄段的孩子往往视比赛经验比获胜更重要。教练员要支持风险承担；努力采取措施，弱化成绩（允许失利）；强调比赛乐趣，如可能请家长监控。

（12）他们具有强烈的安全需求，教练员应该成为一个强有力的领导者，给予明确的信号和指示。

（13）他们会以教练员的篮球生活方式和态度为楷模，因此要确保教练员行为的模范性。

（14）兴趣是最好的老师，随着他们开始真正学习这项体育运动，乐趣依然是其最关注的因素。

三、基本运动技能

9~10岁年龄段是孩子运动能力发展的最好时期，既要继续要保持训练的全面性方法，还应继续训练和发展基本运动模式并完善技能，从而使其能够逐渐掌握更多、更具体的篮球能力。该年龄段孩子的运动能力还不完善，尤其是协调能力、关节活动能力，以及体能的训练和发展依然比特定的篮球技术更为重要。重点要继续放在与篮球相关的运动技能上，如身体素质（跑、跳等）、平衡、投掷和接取等，简单运动技能应能够完善地展示，并逐步加强节奏、方向和力度的变化。所有的这些动作仍然可以通过篮球的基本技巧去实现，包括运球（变向运球、变速运球），传球（近距离、远距离）和投篮。因此，训练设计仍然要有目的性地将运动和身体技能整合到篮球运动技能中。

（一）移动和平衡能力

定义：移动能力是指从一个位置移动到另一个位置的能力，这种能力可以有多种动作。平衡能力是控制身体状态的能力。

动作：走，跑，急停，转身，单脚和双脚跳，抬膝跳，跨步跳，滑步。

（二）投掷和击打

定义：投掷是用发力手将物体扔出的推进动作。击打是用手或工具接触静止或移动的物体的行为。

动作：击打球，传球，干扰球。

（三）接取和拦截

定义：接取是用手或手臂停止移动的物体并持有。拦截是指以不抓住持有的方式用身体任意部分去阻止移动的物体。

动作：单手接，双手接，胸前接，头顶抓，胸前拦截，头上拦截，投篮封盖，抢、打、断球。

（四）协调性

定义：协调性是指一个人在不断变化的情况下采取相应的动作以尽可能有效地达到目的的能力。

四、教学训练指导

（1）要着重发展队员的个人能力，教练员可通过自由训练来评估他们的天赋水平及训练中的进步程度。

（2）要通过趣味性的练习与游戏进行技术教学，使每一名球员都能多接触到篮球，在游戏中做大量的动作，必须为每一位球员提供足够的机会实践各种技巧。在竞赛环境和非竞赛环境中都必须能平衡掌握多种技术，但在所有情况下都应享受篮球带来的乐趣。

（3）应对本年龄段的球员做出演示，使他们明确自己在比赛中的篮球技术与战术行为。教练员做出的指导、给出的指令、设置的游戏规则，目的都是能够通过游戏发展个人与团队的技战术水平。

（4）教练员要通过比赛和训练教会队员学会遵守规则、尊重他人，学会担当、竞争和团队合作。

（5）可以通过将球员组成小团队来进行篮球游戏，让他们学习如何进行篮球比赛，如何在比赛中把握球场的宽度与深度，如何弥补队友的漏洞，与队友合作。

（6）教练员应该简化比赛规则，降低比赛难度，不能用严格的成人篮球规则对他们的攻防技术进行限制，要让其有更多的机会参与到比赛中并享受比赛。

（7）教练员的鼓励应是积极的、客观的、充满正能量的引导话语。

（8）比赛前的谈话应能激励球员对于运动的自信心、积极态度和享受度。在踏上球场之前，球员不应该考虑胜负，而要去想如何执行既定的目标。这样的话，他们便能减少压力，更多地享受运动。

（9）教练员可以给予球员以下的建议：享受比赛，找到乐趣；利用这场比赛，尝试使用练习过的动作，并学习一些新的东西；如果你全力以赴，你就不会输球；当你完成这场比赛，你将会变得比以前更加优秀。

（10）教练员要控制好情绪，不要无故指责球员，要平和对待他们在比赛中犯的错误。

五、教学训练方法

对 9~10 岁年龄段的球员来说，着重点应该是以下方面。

（1）基本运动技能：着重发展和完善。

（2）基本移动技能：走、跑、急停（跳步急停和跨步急停），转身（前转身和后转身），单脚和双脚跳、抬膝跳、跨步跳，滑步。

（3）运球：双手原地运球、双手 360 度移动运球、快速运球、控制运球、变向运球、胯下运球、停切运球、扔球运球；强调视野，用眼观察并目视前方。

（4）传球和接球：介绍原地传球基本动作，如胸前传球、击地传球、肩上传球、棒球式长传、边路传球等；移动传球和接球；在对抗中传球和接球。

（5）投篮：投篮过程中保持身体的平衡，把球尽可能投高，然后以更准确的方式跟进；完善从两侧上篮的技巧。

（6）发展"1 对 1"技能：面对篮筐的三威胁姿态；传授如何研判防守；持球假动作和脚步假动作需要幅度小、速度快。

（7）拉开空位：通过移动拉开空位，进入传球位置，转身策应成为一个进攻威胁。

（8）防守有球队员站位：介绍站位（开放式、阻绝式）；以自身的防守站位移动，如运用滑步和后转身；通过保持防守者和控球者的间距来防守有球队员。

（9）防守无球队员站位：站在自己的防守对象和球篮之间，遵循"球—你—他"原则，准备好帮助队友，当队友的防守对象接到球时及时补位（"关门"）。

（10）基础游戏：对于教练员来说，在奠定了牢固的多边运动基础之后，基础游戏（尤其是 1 对 1、2 对 2 和 3 对 3）是一个理想的出发点。在 3 对 3 基础游戏中，教练员需要确保球员明白如何管理可用空间（首先是半场空间，其次是篮筐附近）。

六、教学训练设计

教练员应在训练前、中、后重复日常准则，要促进球员最大化去利用训练的时间。

（一）教练员

1. 训练前

（1）尽量提前到达。

（2）告诫自己是球员们的榜样。

（3）检查球场上潜在的隐患。

（4）提前准备好所有训练教具。

（5）适当热身避免受伤。

（6）当球员们到达场地时，要主动欢迎他们。

（7）接待观看训练的家庭。

2. 训练中

（1）在球场中圈集合球员。

（2）对球员们展现出个人的喜爱。

（3）向球员们解释训练的内容。

（4）提示重点。

（5）对个人价值观的教导。

3. 训练后

（1）提示下节课的重点。

（2）鼓励那些需要支持的球员。

（3）给予球员反馈，确保他们了解自己想传达的信息。

（4）收拾好所有训练教具。

（二）球员

1. 训练前

（1）爱护球场以及设施。

（2）到达球场时主动打招呼。

（3）把所有篮球放在指定的位置。

（4）当教练员叫自己时，快速跑动并做好准备。

（5）认真听取教练员的指示并避免干扰。

2. 训练中

（1）尊重队友和教练员。

（2）当教练员叫自己时，快速跑过去。

（3）以团队至上的方式思考。

（4）每次训练或比赛后进行鼓掌。

（5）尽最大的努力。

3. 训练后

（1）要负责收集并放置好所有训练用品。

（2）积极回答教练员的问题。

在课程结束后要集合起来打招呼。

在篮球课程中，教练员会分为4个模块。

（1）开始模块（20分钟）：包括训练的介绍和行为要求。

（2）主要模块（40~50分钟）：在这个模块，教练员会高强度地执行本节课的核心计划。

（3）比赛模块（20分钟）：在这个模块，教练员要将本次课的核心技战术通过比赛让队员们得以运用。

（4）放松模块（10分钟）：在这模块，教练员会执行一些依据训练强度大小而制订的放松计划。

教练员必须知道课程的高效时段，该年龄段的孩子还很容易疲劳，教练员能够利用的最佳时长跨度不能超过30分钟。在课堂中，假想有一条强度弧线从小到大再到小，教练员要利用这个规律去制订课程计划。

随着赛季的进行及球员对训练的适应，训练时长可以慢慢增加，但一节课不要超过90分钟。

第二节　训练方式

这个年龄段需要完善和发展基本运动技能和基本篮球技能，发展1对1技能，了解空间和位置感觉，提高防守有球队员和无球队员的技能。并逐步通过比赛或游戏的方式，使球员了解基本技术在比赛中的运用。9~10岁年龄段的基本篮球技能与基本篮球策略的具体内容如下表所示。

基本篮球技能	基本篮球策略
1. 运球 2. 传球 3. 投篮/上篮	1. 基本站姿 2. 基本移动（改变节奏、方向、定位） 3. 起动（空位、变向） 4. 转身（护球、寻找传球路线） 5. 急停（跳步急停、跨步急停） 6. 控球（熟悉球性）

篮球技能的发展需要结合能够帮助球员去理解执行出来的技巧内容的策略部分。

9~10岁年龄段篮球训练的基本策略原则如下表所示。

基本策略原则
1. 进攻
面对篮筐的三威胁姿态
研判防守
持球假动作
2. 防守
防守有球
防守无球
重获球权
3. 快攻
在运球前面向进攻篮筐
跑在球的前面
向进攻篮筐移动
4. 特殊情况
开始跳球
发边线球
发底线球
罚球

一、基本运动技能训练

基本运动技能		
需要考虑的技能要点 1. 急停急起的稳定性和爆发力 2. 静止状态下的突然起动 3. 防守的横向移动能力 4. 对抗下的移动能力		
技能分类	训练活动	训练图解
运动技能 爆发 协调	（一）趴地追逐 1. 学习目标 （1）一段时间静止之后的急起 （2）提高控制身体的能力 2. 活动设置 （1）将队员分为4组，每组2人，前后趴好 （2）所有人趴好，身体放松10秒左右，教练员响哨后以最快速度爬起，前跑后追 （3）若前者跑出另一边端线前未被后者摸到则跑者和追者的身份不变，若被摸到则交换	

续表

技能分类	训练活动	训练图解
篮球技能 反应	3. 要点 由静止迅速变为加速	
运动技能 区分 识别 爆发 篮球技能 反应	（二）背对背抓人 1. 学习目标 （1）集中注意力 （2）高低重心的转化 （3）增强反应能力和爆发力 2. 活动设置 将队员分为两组背对背站好，两组分别命名，教练员在场边喊到哪一组的名字，哪一组跑，则另一组转身抓人，教练员设置惩罚 3. 要点 （1）听到口令后迅速做出反应 （2）高低重心的转化	
运动技能 反应 爆发 篮球技能 运球的急 停急起	（三）红灯停　绿灯行 1. 学习目标 （1）运球不看球 （2）增强急停的稳定性 （3）增强急起后的速度 2. 活动设置 （1）让1名队员担任口令员，站在远端篮筐下，背对全场。其余人持球，听"红灯停 绿灯行"口令，掉球或停顿不及时为淘汰 （2）当教练员吹哨时表示开始，口令队员开始喊口令，持球队员开始向口令队员移动 （3）淘汰人员自行离场，教练员实施惩罚 3. 要点 （1）听到口令后迅速做出正确反应 （2）运球快速，不看球	
运动技能 平移 协调	（四）滑步追球比赛 1. 学习目标 （1）横向滑步移动能力 （2）重心降低 （3）控制核心发力 2. 活动设置 （1）将队员平均分为两队分别上场，上场的队伍在球场的任意一个角集合。教练员以地滚球的形式抛球，队员滑步去捡球	

续表

技能分类	训练活动	训练图解
篮球技能 滑步	（2）球滚出后教练员开表，第一名队员以最快速度的滑步在不直腿的情况下拿住球后，教练员紧接着抛第二个球，第二名队员滑步追球 （3）小队最后一个人拿到球后教练员停表 3. 要点 （1）静止状态突然转换为横向的持续爆发 （2）松散的身体变为核心持续发力的状态	
运动技能 协调 平衡 篮球技能 脚步 速度	（五）脚步过桶接力 1. 学习目标 （1）全速下脚步的转换 （2）控制重心 2. 活动设置 （1）将队员分为3组，每组前方放置4个有距离的锥桶，队员要在锥桶间隔中做出相应的脚步，到达第4个锥桶后全速跑回端线与队友击掌接力 （2）设置3个脚步，1—2滑步、2—3交叉步、3—4倒退跑 （3）教练员哨响队员出发，途中脚步顺序不能错误，且必须是全速全力进行 （4）先完成的组获胜，设置惩罚机制 3. 要点 （1）全速状态下的防守脚步转换 （2）重心的改变 （3）接力配合	

二、球性和运球训练

球性 / 运球
需要考虑的技能要点 1. 原地运球 （1）目视前方：在运球练习中要目视前方，不能低头看着球进行练习 （2）手指拨球：运球时注意不是手掌拍球，而是用手指进行拨球 （3）球的高度：运球时球不能高于肩部

续表

（4）重心降低：降低重心运球有利于提高稳定性和速度
（5）球的落点：运球时球的落点应在双脚外侧，而不是身体正前方
（6）非持球手保护球：运球时非持球手应在持球手的正前方保护球但不能触碰到球
2. 单手左右拉球
（1）指尖朝地：在练习单手左右拉球时指尖永远指向地板
（2）手腕的左右翻转：手始终保持在球的左右两侧，向身体内侧运球时手腕应在球的外侧，用手指向内侧运球；向身体外侧运球时手腕应在球的内侧，用手指向外侧运球
3. 单手前后拉球
（1）指尖朝地：在练习单手前后拉球时指尖永远指向地板
（2）手腕的前后翻转：手始终保持在球的前后两侧，向前运球时手腕应在球的后侧，用手指向前侧运球；向后运球时手腕应在球的前侧，用手指向后侧运球

技能分类	活动	图解
运动技能 协作 协调 篮球技能 运球 传球	（一）原地球性练习 1. 学习目标 （1）熟悉球性 （2）增强团队协作 2. 活动设置 （1）将队员分为 4 组，每组 3 人两球，成三角状 （2）当教练吹哨时表示开始，两名先持球的队员按教练员指示进行球性训练，做完一个完整动作后将球传给顺时针方向的队员，直到教练员吹哨换下一个动作 （3）球性训练的动作包括：体前绕环、双手指尖左右拨球、抛球拍手、直臂左右拉球、高抬腿绕膝、地滚球胯下绕 8 字、持球胯下绕 8 字等。每个动作的练习时长由教练员决定（30~50 秒） 3. 要点 动作连贯协调	
运动技能 区分识别 反应能力	（二）原地运球练习 1. 学习目标 （1）集中注意力 （2）运球不看球 （3）增强反应能力 2. 活动设置 （1）将队员分为两组，分别在教练员的左右两侧 （2）教练员要提前告诉队员每个手势代表什么运球 （3）教练员吹哨表示开始，开始后两组队员都右手运球，在运球的同时要注意教练员手势，如教练员将左手举高时，左侧的同学要迅速做出高运球 （4）控制好球不掉球，不低头看球，低头看球会错过教练员换手势	

099

续表

技能分类	活动	图解
篮球技能 运球	3. 要点 （1）看到手势后迅速做出正确反应 （2）运球过程中不看球	
运动技能 区分 识别 反应能力 篮球技能 运球	（三）看谁反应快 1. 学习目标 （1）运球不看球 （2）增强反应力 （3）集中注意力 2. 活动设置 （1）将队员分为两人一组，在两人中间放上锥桶 （2）教练员吹哨表示开始，开始后所有队员都是右手运球，在运球的同时注意听教练员口令，如当教练喊出"高运球"时，队员要以最快速度切换运球方式，最后听到哨声马上抢夺锥桶，抢到锥桶的队员获胜 （3）队员运球时不能看球，要集中注意力听教练员口令 3. 要点 （1）听到指令后迅速做出正确反应 （2）运球过程中不看球	
运动技能 滑动 节奏 平衡 篮球技能 运球 滑步	（四）背靠背戴帽子 1. 学习目标 （1）培养团队协助 （2）注意重心降低 （3）提高运球稳定性 2. 活动设置 （1）将队员分为4人一组的3个大组，再将每组里的两人分成一个小队。在中场线放置3个大锥桶，在每一大组旁各放上8个小锥桶 （2）教练员吹哨表示开始，1名队员拿完小锥桶后和队友迅速背靠着背夹住，然后运球滑步至中场线将小锥桶放在大锥桶上，放好后下一小组方可出发，完成的小组沿边线回到初始点准备再出发 （3）每完成一次后，拿小锥桶的队员不能重复 （4）运球队员的背部要完全贴紧，膝盖微微弯曲 （5）球与小锥桶不能落地，落地则从落地位置开始调整好后继续前进 （6）率先将所有小锥桶都"戴"在大锥桶上的队伍获胜 3. 要点 （1）单手运球（左手或右手） （2）接力配合	

续表

技能分类	活动	图解
运动技能 速度 节奏 **篮球技能** 运球	（五）行进间运球接力 1. 学习目标 （1）抬头运球 （2）加速运球 2. 活动设置 （1）将队员分为3组，每组正前方摆放4个大锥桶，大锥桶后摆放随机数量的小锥桶，每组右侧摆放1个圆环用来放取回来的小锥桶 （2）教练员吹哨表示开始，队员要用不同的运球方式沿着4个大锥桶绕8字后取1个小锥桶，然后从右侧加速运球回来将小锥桶放在属于自己队伍的圆环中 （3）排在前面的队员放好锥桶后下一位队员方可出发 （4）途中不能掉球或双手拿球，犯规则需要回到起点重新出发 （5）所有小锥桶拿完后，圆环内小锥桶数量多的队伍获胜 3. 要点 （1）单手运球 （2）每次出发的运球方式不能一样 （3）接力配合	
运动技能 协调 **篮球技能** 球性 运球	（六）双手行进间运球练习 1. 学习目标 增强对球的掌控，以及在运球过程中对双臂的肌肉记忆 2. 活动设置 （1）以半场为标准，将队员2人一组分为4组，每人一球 （2）教练员在指定的范围内会要求执行不同的动作，如双手同时运球或交替运球等 （3）教练员要在开始之前给大家做出相应的示范，队员要执行相应的动作 （4）当队员运球到边线后，要以后退的方式运球回来，然后交换队员继续 （5）每个动作两组，建议训练时长为15~20分钟 （6）教练员要谨慎观察队员的动作，如有错误须及时给予纠正	

三、传接球训练

传接球
需要考虑的技能要点 1. 前臂前摆和手腕前扣要快速用力，带动手指，用力拨球

续表

传接球			
	2. 斜步姿势站立，双手持球于胸前。传球时后脚蹬地，身体重心前移，双手向传球方向伸臂发力，同时拇指下压，手腕翻转，通过拇指、食指和中指用力拨球将球传出。球出手后，手心和拇指向下，其余四指向传球方向。 3. 接球时目视来球，双臂迎球伸出，两手手指自然张开，拇指相对成八字形，其他手指向前上方，两手呈一个半圆形。 4. 当手接触球时，双臂顺势屈肘后引缓冲来球的力量，两手持球于胸腹前，呈基本站立姿势。			
技能		活动	图解
运动技能 反应 速度 力量 篮球技能 传球 空间		（一）原地传球练习 1. 学习目标 （1）注意力集中在任务上 （2）把握传球力度 2. 活动设置 （1）如图所示，队员两人一组，每组一球，统一从左边开始 （2）教练员在每个指定的传球位置内要求执行不同的动作，包括胸前传球、（双手）击地传球、低手传球、（双手）头上传球、单手肩上传球 （3）每组动作传50次后变换 3. 要点 （1）所有的传球都是用手指完成，而不是用手掌；为控制球的速度和方向，手指应该尽可能张开，但不能太僵硬，手腕要有弹性 （2）传球时身体要面向队友，抬头屈膝，手指张开，将球放在胸前，两肘微向外，伸臂向外推球时，向前跨出一步，球出手时手指向上向前推。（根据每个动作进行调整） （3）要根据场上不同的情况掌握好传球的时机，同时正确合理地选择传球的路线，使同伴顺利接到球	
运动技能 跑 反应 力量 识别区分		（二）行进间两人互传上篮 1. 学习目标 （1）在跑动中接好球、传好球 （2）在移动中接到球直接上篮 2. 活动设置 （1）将队员分为两人一组，先由第一组上场演示，其余人在场下等待 （2）两名队员分开站在篮下和边线，内侧队员拿球，总共传5~6次，不能让球落地 （3）上篮时不要走步，同时上篮的队员直接跑到边线去，内侧的队员去抢篮板。第一组到对面上完篮第二组就马上出发 3. 要点 （1）传球要有目的性，一定要随时观察场上的情况和队友	

续表

技能	活动	图解
篮球技能 传球 接球 上篮	的位置 （2）最好的传球距离是 3~5m （3）传球不要太软，手指要使上劲	
运动技能 跑 反应 力量 识别区分 **篮球技能** 传球 接球 上篮	（三）三人绕"8"字传球（大、小） 1. 学习目标 （1）学会控制移动速度和传球速度 （2）学习跑动中的传球和跑位 （3）熟练区分左右侧 2. 活动设置 （1）队员沿底线排成3队，中间队伍的第1名队员持球，从左到右为②、①、③ （2）练习开始，②和③向中路跑动，同时①将球传给②，然后从②身后绕过往前跑 （3）②接到球后将球传给同样向中路跑的③，完后从③的身后绕过向前跑。③接到球后，再将球传给① （4）以此方法3人传球至另一侧篮筐，距离篮筐最近的队员上篮；完成后在对面把队形好等下一组，每组第2名学生重复练习 3. 要点 传球有大小之分：小的要3个人贴着跑，单手传球给对方（如上图所示）；大的就是跑起来，以最大范围跑（如下图所示）。	上 下
运动技能 配合 跑	（四）四角跑动传球 1. 学习目标 （1）掌握传球的提前量 （2）准确把握传球的力度和距离 2. 活动设置 （1）把队员分为4组，队员①拿球 （2）当教练员说"开始"，①就准备开始往右边传球，①跑动中传给④后就跑到对面④的队尾，④在把球传给⑦后下顺到右侧⑦的队尾。同时，⑦接到球后快速传球给⑩并跑到⑩的队尾。然后一直循环到30次 3. 变化 （1）由快到慢	

103

续表

技能	活动	图解
篮球技能 运球 传接球 上篮	（2）由一个球过渡到多球同时传球 4. 要点 （1）传球时要抬头去观察其他人，自己跑到位置时提前准备传球 （2）接球时一定要移动 （3）果断传球，准确把握力度和距离 （4）传球要根据跑动速度有一定的提前量，做到人到球到，接球前调整步法，做到接球后三步传球	
运动技能 运球 节奏 区分识别 **篮球技能** 运球 速度 投射	（五）传球抓人 1. 学习目标 （1）学会明确目标和配合 （2）注意观察新情况并及时做出反应 2. 活动设置 （1）让大家猜拳选出两个人来以传球的形式抓人，被抓的人也转换成抓人的人。抓到场上只剩两人就换人来抓，半场为限制区 （2）球不可以传失误，必须球碰到人才算，传球人不可以抱着球跑，逃跑的人不可以跑到限制区外 3. 要点 （1）传球人一定要配合好，明确目标 （2）把球传好，不要掉球	
运动技能 跑 协调 迎取 **篮球技能** 传球 接球 上篮	（六）基础行进间传球 1. 学习目标 （1）在不走步违例的情况下进行基础行进间传球 （2）能够主动迎球接球 2. 活动设置 （1）将队员分为两组，一组位于底线与罚球线站位线相交的位置，另一组位于底线与边线夹角位置 （2）靠近边线的一组持球，教练员鸣哨后，两组排头开始传接球练习 （3）持球队员将球传给同伴后向前跑动（跑动时注意看球，随时准备接球），同伴接球后再将球传回，依次循环到达对面一侧底线 3. 变化 （1）改变传球方式 （2）可结合运球，运一次球再传球 （3）结束部分可结合上篮	

四、投篮训练

投篮
需要考虑的技能要点 1. 投篮基本姿势 投篮前要摆正姿势，持球时右手为主，左手为辅（习惯用左手的人相反）。右手手掌托好球，五指自然分开，腋窝处、肘部内侧、右手背和小臂交接处都要成直角或接近直角。左手稍微用力放在篮球侧面，保证篮球平稳。上身摆正，不要耸肩，双脚自然落地，两脚间距与肩同宽 2. 投篮力度和弧度 投球时要注意右手向前推送球的力度和球的运行弧度。力度要根据所处位置离篮筐的远近而定，投球时手指要拨一下球，让篮球在空中有些回旋，这样命中率比较高，一般右手投篮的球员，投出正规球后右手手臂要伸直。篮球的运行弧度要高一些，这样能提高命中率，即尽量往高处投球 3. 投篮类型 运球后投篮：跳步或跨步急停投篮 接球投篮：原地或者跨步急停投篮

技能分类	活动	图解
运动技能 急停 弹速 **篮球技能** 投篮 心理 篮板 拼抢	（一）车轮罚篮游戏 1. 学习目标 （1）姿势标准 （2）出手快速 2. 活动设置 （1）队员在罚篮线后排队，每人手持一球轮流罚球 （2）投篮不进的情况下要尽快补进，且需要在下一人投篮命中前补进，否则将被淘汰。最后除第1名以外，俯卧撑惩罚 3. 要点 在保证投篮姿势标准的情况下，加快出手速度	
运动技能 弹跳 **篮球技能** 投篮	（二）多角度近距离投篮 1. 学习目标 （1）注意力集中在任务上 （2）在篮下进行空心投篮练习 2. 活动设置 （1）队员每组3人，围绕篮下三秒区半圆弧持球站立 （2）听到教练员开始口令后，依次投篮抢板，命中投篮后顺时针换位，直至每个点命中5球 3. 要点 任何投篮训练都要做到：下蹲、起身、引球至额前、提肘、拨指	

续表

技能分类	活动	图解
运动技能 跑 体能 篮球技能 投篮	（三）四人两组投篮竞赛 1. 学习目标 （1）提高投篮准确性 （2）锻炼心理素质 （3）培养团队精神 2. 活动设置 （1）将场上4名队员分为两人一组，每组一球 （2）两组队员分别在罚球线和三分线站好，罚球线队员持球准备投篮 （3）教练员响哨，罚球线队员投篮，如未命中抢下篮板继续进行投篮，若命中则传给外线球员进行上篮，先完成则取得胜利 3. 要点 在保证投篮姿势标准的情况下，加快出手速度	
运动技能 跑 体能 篮球技能 投篮	（四）绕圈罚球 1. 学习目标 （1）提高投篮准确性 （2）锻炼心理素质 （3）培养团队精神 2. 活动设置 （1）队员人数不限，但仅用1个球 （2）绕罚球线站好，每人1次罚篮机会，所有人都参与罚篮后统计未命中次数，进行三线接力跑。1次为未命中就用一个来回，底线、罚球线、中线站好均衡数量的队员进行接力惩罚 3. 要点 （1）保证体能，心理素质要稳 （2）发扬团队精神	

五、上篮训练

上篮
（一）需要考虑的技能要点 1. 协调运球及收球 2. 收球后往篮筐的两步要标准 3. 抬起同侧的手脚（右手—右膝，左手—左膝） 4. 学习脚步（右侧：先迈右脚，再迈左脚，右手、右膝抬起；左边：先迈左脚，再迈右脚，左手、左膝抬起） （二）上篮类型 1. 运球自然上篮 2. 接球后上篮

续表

上篮

（三）不同角度上篮
1. 常规上篮
2. 左、右手上篮

技能分类	活动	图解
篮球技能 传接球上 篮配合	（一）接球上篮 1. 学习任务 （1）集中注意力 （2）提高上篮命中率 2. 活动设置 （1）将队员分成两组且人数相同，每组一球（可根据人数调整篮球的数量） （2）①按照线路跑到中间接④传球上篮后，把球交给⑤ （3）④按照线路跑到中间接②传球上篮后，把球交给③ 3. 要点 可以胸前传球、击地传球，左右手交换上篮	
篮球技能 传接球配 合上篮	（二）半场双人传球上篮 1. 学习任务 （1）集中注意力 （2）掌握行进间传球 2. 活动设置 队员两人一组一球。听到哨声同时跑动、传球（胸前传球、击地传球等），由1名学员上篮终结 3. 要点 （1）传球方式任选，出发顺序和上篮终结两人轮转完成 （2）可以进行3人传球上篮	
篮球技能 持球 运球 突破 上篮	（三）综合运球上篮练习 1. 学习任务 （1）集中注意力 （2）原地左右运球 （3）左右突破运球 （4）三步上篮 2. 活动设置 （1）将队员分成两组，每人一球，依次出发 （2）队员原地左右运球两次后，移动到第2个标志桶前进行变向运球突破，然后移动到第3个标志桶前进行变向运球突破，最后上篮终结 3. 要点 根据队员整体能力不同，可以适当调整内容（如胯下运球、背后运球、变向运球、左右手上篮等）	

续表

技能分类	活动	图解
运动技能 接球 上篮 变向跑	（四）接球上篮 1. 学习任务 （1）注意力集中 （2）摆脱防守人变向跑 （3）接球上篮 2. 活动设置 队员依次出发进行摆脱跑，然后接球上篮	

六、急停和起动训练

急停/起动
需要考虑的技能要点 1. 练习跳步急停或者跑动跨步急停 2. 急停时屈膝，双脚打开与肩同宽 3. 双手手指施压紧握球 4. 开始运球时，运球和迈步同时进行 5. 教授急停时如何拿住球及运球

技能分类	活动	图解
运动技能 跑 急停 平衡 篮球技能 运球 急停 转身	（一）在点上急停 1. 学习目标 （1）学习如何在平衡下急停 （2）运球时不会违例 2. 活动设置 （1）所有队员人手一球并散开，在游戏区域内随意放置塑料垫 （2）教练员先讲解动作（用内侧脚进行跨步急停，以交叉步起动） （3）教练员说"开始"后，队员寻求空位，根据教练员的指示执行急停（用右手运球，先用左脚踩到垫子上，再用右手起动运球），直到停止游戏 3. 变化 （1）改变运球手 （2）改变重心脚 （3）改变起动脚 （4）增加转身动作 （5）增加假投或试探步	

108

续表

技能分类	活动	图解
运动技能 反应 跑 跳 篮球技能 运球 急停 投射	（二）交通指引者 1. 学习目标 （1）快速起动运球 （2）准确选择运球方向 2. 活动设置 （1）队员手持球面对着教练员排成一队，前面放置一个塑料垫 （2）教练员是交通指引者，指定重心脚，以及要往哪个方向运球 （3）队员们一开始会把重心脚保持在塑料垫上 （4）教练员说"开始"，队员要准备好，并且根据指示快速做反应 ①教练员展开右手——球员要走左边 ②教练员展开左手——球员要走右边 3. 要点 （1）如何终结上篮或者急停投篮 （2）选择出手角度 （3）根据教练的手部动作及时做出反应	

七、转身训练

转身		
需要考虑的技能要点 1. 学会保持一只脚不动，另一只脚可以自由移动（向前或向后） 2. 为了实现有效的转身动作，脚必须发力转动 3. 必须让球尽可能远离防守人，并保持用眼睛观察 4. 避免单纯的转身练习，可以和其他技能结合到一起训练		
技能分类	互动	图解
运动技能 扭转	（一）回家 1. 学习目标 （1）强化转身动作 （2）快速寻求空位 2. 活动设置 （1）球场上放置一些塑料垫子，队员人手一球 （2）教练员说"开始"后，队员们可以自由地在场上运球，但是不能够踩在垫子上	

续表

技能分类	互动	图解
篮球技能 转身 急停	（3）当教练员说"每个人都回家"时，所有队员要寻找最近的一个空垫子，把一只脚踩在上面，然后开始转身 （4）当教练员再次说"开始"，队员们离开位置并再次自由运球 3.要点 （1）左右手运球均衡 （2）指定重心脚	
运动技能 扭转 反弹 平衡 篮球技能 运球 转身	（二）运球与转身护球对抗 1.学习目标 （1）强化转身动作 （2）护球时让球远离防守人 2.活动设置 （1）在场地上放置一些塑料垫，在每个塑料垫上，会有一名队员持球，但他们不能运球，其他在塑料垫外的球员为抓人角色，也是每人一球 （2）教练员说"开始"后，抓人者会运球并尝试去触碰在圆垫上的队员 （3）在圆垫上的队员会通过转身去保护球（重心脚一直踩在圆垫上） （4）如果抓人者触碰到球，双方互换角色 3.要点 （1）左右手运球均衡 （2）规定重心脚 （3）适时调整活动空间	
运动技能 跑 平衡 滑动	（三）1对1转身 1.学习目标 （1）强化转身动作 （2）护球时让球远离防守人 2.活动设置 （1）两人一组分散到球场上，持球队员进攻，无球伙伴防守 （2）教练员说"开始"后，进攻队员运球并且尝试保持球权，同时防守队员尝试去触碰球 （3）当教练员说"停"，持球队员会停住，双手收球并转身进行护球，防守者会尝试去触碰 （4）当教练员再次说"开始"，队员互换角色重新开始训练	

110

续表

技能分类	互动	图解
篮球技能 　运球 　转身 　防守	3. 要点 （1）逐渐减少空间 （2）在重复几次后改为攻筐的 1 打 1	
运动技能 　投掷 　接取 　滑动 **篮球技能** 　传球 　接球 　防守 　转身	（四）耍猴 1. 学习目标 （1）给目标对象传球 （2）夺回球权 （3）寻求可传球机会 （4）强化转身、护球 2. 活动设置 （1）在地上放置 4 个塑料垫形成一个边场为 4~5 步的四方形 （2）在每个垫子边会有 1 名进攻队员，要求一只脚（重心脚）一直踩在垫子上 （3）在四方形的中间，安排 1~2 名防守者作为"猴子"，所有组别都只有 1 个球 （4）教练员说"开始"，在垫子上的同学会互相进行传球。与此同时，"猴子"会试着去触碰球 （5）一旦"猴子"碰到球，那么该传球人会成为"猴子"，"猴子"会成为传球人 （6）"猴子"可以给球施压，但是不能进行犯规，传球人可以执行转身护球并且寻找新的传球路线 3. 要点 （1）使用不同类型的传球 （2）重心脚要轮换 （3）防守者必须碰到传球	
运动技能 　投掷 　接取 　跑 　躲避 　平衡 **篮球技能** 　传球 　接球 　防守 　转身 　运球	（五）置球于标志碟的传球游戏 1. 学习目标 （1）把球传给空位队友 （2）寻找空位去接球 （3）评估最佳选择 2. 活动设置 （1）把队员分成两队，只用 1 个球，在底线和三分线相交的位置各放 1 个标记碟 （2）两队按篮球规则进行比赛，但是不能运球，把球成功放进任意一个标记碟都算得 1 分 3. 要点 （1）传球、跑位速度和防守脚步要快 （2）持球过程中要注意护球	

八、进攻训练

进攻
需要考虑的技能要点 1. 进攻训练应该根据队员的水平进行调整 2. 战术组成不应该超过 1 对 1 的情况，要不断去发展 1 对 1 和传球 3. 其余的队员要拉开空间

技能分类	活动	图解
运动技能 跑 躲避 冲刺 跳 滑步 篮球技能 运球 投篮 防守	（一）全场 1 对 1 1. 学习目标 （1）阅读防守位置 （2）寻找攻击空位 2. 活动设置 （1）队员将被分成攻防两队，进攻队员在底角持球，防守队员在同侧中场边线位置 （2）教练员说"开始"后，进攻队员要尽快运球到对面的篮筐，防守队员要尽快跑去拦截 （3）如果进攻队员投中，或者防守队员抢回控球权，回合结束 3. 变化 （1）缩小空间 （2）限制运球次数	
运动技能 跑 躲避 冲刺 跳 滑步 篮球技能 运球 投篮 防守	（二）半场 1 对 1 及传切配合 1. 学习目标 （1）阅读防守位置 （2）寻找攻击空位 （3）如果没有攻筐机会，寻找传球机会 （4）传球后迅速切入篮下 2. 活动设置 （1）将队员分成攻防两队，进攻队员持球在半场夹角处，防守队员在同侧底角，教练员在弧顶 （2）教练员说"开始"后，进攻球员要尽快运球到对面的篮筐，防守队员要尽快跑去拦截 （3）进攻队员的第一目标是进攻篮筐，如果不成功，可以把球传给教练员，然后切入篮下，等待接回传球 3. 变化 （1）缩小空间 （2）限制运球次数	

续表

技能分类	活动	图解
运动技能 跑 躲避 冲刺 跳 滑步 **篮球技能** 运球 投篮 传球 防守	（三）从边线的1对1 1. 学习目标 （1）从具有优势的角度阅读防守位置 （2）评估最佳选择 2. 活动设置 （1）将队员分成攻防两队，都在半场边角，进攻球队在外侧持球，防守队员在内侧平行位置 （2）当教练员说"开始"后，进攻队员要尽快运球到篮下，防守队员要快速跑动并试图阻止球 （3）进攻队员要解阅读防守位置 ①防守队员在后面——不要停下来，运球寻找上篮机会 ②防守队员在旁边——改变节奏 ③防守队员在前面——换手变向运球 3. 变化 限制运球次数	
运动技能 跑 躲避 冲刺 跳 滑步 **篮球技能** 运球 投篮 防守	（四）一个大门的1打1 1. 学习目标 （1）识别空位 （2）在防守压力下换手变向 2. 活动设置 （1）将队员分成攻防两队，进攻队员在中场中路列队，人手一球，防守队员在三分线等待自己的回合，同样各持一球 （2）在罚球线的两端放置个标记碟，规定进攻队员要运球通过的空间——大门，1名防守队员在此防守 （3）教练员说"开始"后，进攻队员要尝试运球通过"大门"进行投篮，防守队员要进行阻止 （4）防守队员用两只手握球，只能用球触碰对方的球，并且至少有一只脚一直踩在罚球线上 （5）在进攻中，球员可以运球穿过大门，然后在没有防守的情况下投篮 （6）当防守队员碰到对方的球时，回合结束 3. 变化 （1）防守队员可以用一只手握球，用另一只手防守触球 （2）防守队员不持球 （3）防守球员可以在三分线和罚球线之间移动 （4）改变门的大小	

续表

技能分类	活动	图解
运动技能 　跑 　躲避 　冲刺 　跳 　滑步 篮球方面 　运球 　投篮 　防守	（五）两个大门的1打1 1.学习目标 （1）识别空位 （2）在防守压力下换手变向 2.活动设置 （1）将队员分成攻防两队，进攻队员在中场中路，人手一球，1名防守队员在弧顶准备，其他人在三分线外等待自己的回合 （2）在罚球线肘区的两边各放两对标记碟，形成两个大门 （3）教练员说"开始"后，进攻队员要尝试运球穿过大门投篮，防守队员迎上防守，但不能通过大门，一旦进攻队员运球通过其中一个大门或防守队员抢到球，回合结束 3.变化 改变门的大小	
运动技能 　跑 　躲避 　冲刺 　跳 　滑步 篮球方面 　运球 　投篮 　防守 　篮板 　运球	（六）运球前的1对1 1.学习目标 （1）在开始进攻之前做好准备 （2）评估最佳选择：投篮或上篮 2.活动设置 （1）将队员分成攻防两队，分别在篮下两侧底线外列队，教练员在中间位置拿1个球 （2）教练员会把球扔出去，进攻队员跑过去拿到球并开始进攻 （3）与此同时，防守队员也会迅速展开行动，准备开始防守，但在此之前要先去摸一下教练的手 （4）进攻队员将自己决定他们是否该投篮（防守队员离得远），或者运球（防守队员离得近） 3.变化 （1）调整抛球或列队的距离 （2）取消防守方先前的行动 （3）限制运球次数	

九、防守训练

防守
需要考虑的技能要点 1.队员首先要理解防守的概念，而不是防守步法 2.要尽可能让被防守人不运球、不投篮、不传球，也不接球 3.防球时身体要在球和篮筐之间 4.无球防守时要紧跟自己防守的人

续表

防守

5. 尽可能阻断传球人的脚步
注意：之前所有进攻部分的训练同样可以用来练习防守

技能分类	活动	图解
运动技能 跑 躲避 节奏	（一）5次传球游戏 1.学习目标 （1）进行抢断球 （2）学会预判传球 （3）熟悉有球和无球的防守 2.步骤 （1）一支队伍4人尝试传球5次 （2）另一队尝试抢断球或破坏传球 （3）一旦球被抢断或破坏，防守和进攻互换 3.要点 （1）不准投篮或多次运球 （2）可以原地运一到两次球	
运动技能 跑 躲避 节奏 识别 区分	（二）人盯人5次传球 1.学习目标 （1）学会寻找进攻人并进行防守 （2）学会区分有球人和无球人 2.步骤 （1）一支队伍4人尝试传球5次 （2）另一队尝试抢断球或破坏传球 （3）一旦球被抢断或破坏，防守和进攻互换 （4）防守人先集中站于场地中央，在听到哨声后分散并寻找进攻人 3.要点 （1）不准投篮或多次运球 （2）可以原地运一到两次球	
运动技能 跑 冲刺 滑步 侧滑步 跳	（三）半场1对1 1.学习目标 （1）学会防守运动中的有球进攻人 （2）学会防守站位，了解有球防守要站在篮筐与进攻人中间 2.步骤 （1）两人一组站在底线，并以篮筐为中点 （2）教练员站在半场，两手各拿一球 （3）听到哨声后，队员冲刺去抢球，拿到球的进攻，另一人防守 （4）防守不要进行断球，给到压力就可以	

续表

技能分类	活动	图解
运动技能 滑步 侧滑步 身体 协调 灵敏 反应	（四）模仿练习 1.学习目标 （1）学会集中注意力 （2）提高反应能力与应变能力 2.步骤 （1）两人一组，面对面站好 （2）任命其中一人为带头人 （3）带头人做出任意的防守脚步 （4）另外一人进行模仿，并且做向反方向 （5）教练员计时并鸣哨，每组1分钟 3.要点 在做的过程中，带头人动作要更换频繁，模仿人要迅速反应正确做出相应动作	

十、篮板球训练

篮板球
需要考虑的技能要点 抢篮板球技术根据动作结构可分为抢防守篮板球和抢进攻篮板球两种 （一）抢防守篮板球 防守队员先挡人，利用后转身、前转身和跨步等动作把对手挡在自己身后，堵住进攻队员向篮下冲抢的移动路线，并及时判断出球的反弹方向，起跳时力争在最高点处手与球在空中相遇。抢到篮板球后双脚同时落地，屈膝降重心，上体稍前倾保持身体的平衡，把球放在远离对手的一侧，同时要衔接好下一个动作 （二）抢进攻篮板球 冲抢是抢占的关键。当投篮出手后，就要判断好球可能反弹的方向，利用突然的起动插向防守者身前，或借助虚晃、变向、转身动作绕过防守人的堵挡，抢占有利位置

技能分类	活动	图解
运动技能 敏捷性 机动性 篮球技能 抢篮板球	（一）砸板接龙 1.学习目标 （1）做到快速抢板、快速出手 （2）培养团队意识 2.活动设置 （1）队员站在篮下排队，第1名队员将球砸向篮板，随后快速跑至排尾 （2）下一位队员快速拿到篮板并重复上一位队员的行为 （3）由所有队员共同合作完成，重复50次 3.要点 保证球不落地的情况下，加快速度	

续表

技能分类	活动	图解
运动技能 对抗 篮球技能 抢篮板球	（二）双人争球 1.学习目标 （1）将注意力集中在篮板上，随时准备抢板 （2）体会实战篮板 （3）做到快速抢篮板 （4）学会篮下抢占有利位置 2.活动设置 由教练员投掷三分球，两人一组，围绕禁区站好，等待抢篮板球的机会。三分不中，两名队员进行卡位抢板，抢到球的队员可下场休息，并由下一位队员补上，没抢到球的队员则要一直在场上，直到抢到球为止	
运动技能 跑 体能 篮球技能 抢篮板球	（三）单人争球 1.学习目标 保持注意力集中，随时准备抢篮板球 2.活动设置 教练员投掷三分球，队员要在3秒内将球传回教练员，球不得落在三秒区以外的地上	
运动技能 力量 体能 篮球技能 抢篮板球	（四）单人掷球 1.学习目标 （1）学会控制手部力量 （2）提高单手控球能力 2.活动设置 队员站在篮下单手投球，待球触碰篮板弹回时单手接球，每组10次，做完换手	
运动技能 跑 体能 节奏 篮球技能 抢球	（五）行进间抢球 1.学习目标 （1）快速抢篮板球 （2）快速抢占位置 2.活动设置 （1）队员人数不限，分为4组，每人一球 （2）教练员哨响，4组队员同时向前抛球，待球将至下落阶段时跳起抢球，重复动作至中线	

十一、快攻训练

快攻		
需要考虑的技能要点 1. 要遵循的快攻原则 （1）学会了解快攻的路线 （2）跑在球的前面 （3）能够抓住优势（以多打少） 2. 技术要求 （1）提升在高速（行进间）状态下基本技术的稳定性 （2）在快攻中磨炼攻防两端技术		
技能分类	活动	图解
运动技能 跑 投掷 接取 滑步 篮球技能 运球 传球 接球 空间感 投篮	（一）全场3打0 1.学习目标 （1）掌握快攻路线 （2）掌握快攻的技术要点：如何传球、如何接球 2.活动设置 （1）把队员分成3组，都位于底线，中间为持球的一组，其他两组分别在三分线的位置 （2）教练员说"开始"后，持球队员会一直运球，寻找第一个准备好接球的队友，无球队员要跑到球的前面去接球 （3）球员将球传给空位的队友，队友投篮得分 3.要求 （1）两次传球完成回合 （2）让持球人在过半场前传球	
运动技能 跑 投掷 接取 滑步 识别区分	（二）转圈全场3对0 1.学习目标 （1）体验在不确定的位置发起快攻 （2）掌握快攻的技术要点：如何传球、如何接球 2.活动设置 （1）把队员分成3组，都位于底线，中间的一组为持球组，其他两组分别在三分线的位置，教练员站在罚球线 （2）每组的第1名队员做好准备后站在教练员附近，持球人把球给教练员 （3）当教练员说"开始"后，3名队员沿着标记点的同一个方向开始跑，并以罚球线的半圆作为参考 （4）教练员会在投球的同时说出其中一名队员的名字 （5）该队员要立刻跑去抢篮板球，并开始在运球，同时无球队友要跑开空间寻求接球机会 （6）迅速接住球完成投篮	

续表

技能分类	活动	图解
篮球技能 　运球 　传球 　接球 　空间感 　抢篮板球 　投篮	3. 要点 （1）两次传球完成回合 （2）被叫到的队员必须要抢到篮板球	
运动技能 　跑 　投掷 　接取 　识别 　区分 **篮球技能** 　运球 　传球 　接球 　空间感 　抢篮板球 　防守	（三）半场 2 对 1 1. 学习目标 （1）快速研判传球或投篮 （2）获得空位接球 2. 活动设置 （1）把队员分成 3 组，都在半场线，中间为持球组（防守），其他两组分别在边线附近（进攻） （2）教练员说"开始"后，持球人将球传给左边或右边的队员，然后开始防守 （3）接到球的进攻队员需要判断是把球传给空位的队友还是运球到篮下 （4）无球球员要跑到篮下，准备从队友那里接球 （5）比赛将在进攻队员中篮或防守队员抢断、抢篮板球后结束 3. 变化 （1）全场比赛，从底线开始 （2）限制运球次数	
运动技能 　跑 　投掷 　接取 　识别区分	（四）圆圈全场 3 对 1 1. 学习目标 （1）体验从不确定的位置展开快攻 （2）掌握快攻的技术要点：如何传球、如何接球 （3）提高在对抗下的终结能力 2. 活动设置 （1）把队员分成 4 组，都在底线，一组持球，教练员站住球前 （2）每组的第 1 名队员到教练员附近，并把球给教练员 （3）当教练员说"开始"后，队员就沿着标记点的同一方向开始跑，并以半圆作为参考 （4）教练员会说出其中一名防守队员的名字，同时将球放到地上 （5）被叫到名字的队员要跑到对面篮下去防守 （6）其他 3 名队员中的一人拿起球，并开始快攻，要遵循球在中间，无球队友跑在两边拉开空间的原则	

续表

技能分类	活动	图解
篮球技能 　运球 　传球 　接球 　空间感 　抢篮板球 　防守	3. 要点 （1）只允许1~2次运球 （2）防守要给拿球人压力 （3）训练一段时间后，增加1名防守队员	

十二、比赛指导

比赛指导

（一）需要考虑的常规要点
1. 这个年龄段的孩子会开始发展出对比赛的理解能力，但仍有局限性。所以给他们的指导应该尽可能简单，如"不要聚在一起""向前面传球"等
2. 他们仍处于心理发展的"自私"阶段，所以1对1的行动将占主导地位
3. 比赛时不要使用记分牌

（二）进攻要点
1. 持球队员需要快速运球到对面的篮筐
2. 无球队员需要跑在球的前面，盯着球
3. 当队友空位时，持球队员要尝试传球
4. 进攻必须要有一定的空间
5. 快攻会主导着进攻

（三）防守要点
1. 全场紧跟自己防守的人
2. 不让自己防守的人运球、传球、投篮，也不让接球
3. 可以根据球和篮筐的位置去调整站位
4. 可以主动进行协防，离开自己的防守目标并试图阻止持球队员

特殊情况

一、介绍
这个阶段是一个可以向孩子们介绍篮球比赛中的特殊情况下，遵循正确的方法和观点的好时期，可以向他们解释在每种情况下要做什么事情，为什么会发生类似情况，以及如何解决主要问题。但一定不要用成年人的比赛行动去解释

二、跳球开始
队员需要明白比赛以跳球开始，以及在球场上的站位和可能的犯规，如跳球人用双手跳起接球，或者其他队员提前进入圆圈

续表

特殊情况

三、发边线球、底线球

队员们要了解到，当球触到球场边界外的地板时，比赛将停止，最后触碰到球让球出界的一方会成为防守方，同时另一方将会发界外球进行进攻；另一种可能的情况是当进攻方进球后，防守方需要跑到界外发球

当发球队员传球时双脚要保持在球场外（不要踩到线），另一名队员则需要双脚在球场内接球

基本的进攻战术原则是队员分散（不要聚一起），然后跑到空位上。用空间概念理解，即"一开始远离球，然后切向球"和"进攻球员不能共享同一个空间"

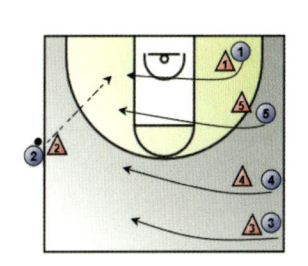

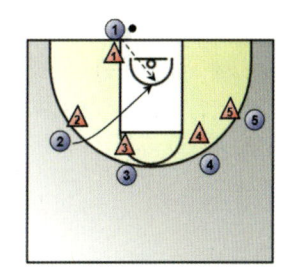

四、罚球

队员需要明白什么是投篮犯规，以及犯规的后果（进攻的球队在没有对手的情况下有2次或3次罚球线投篮的机会）。教练员要告诉队员罚球时的站位要求：3名防守球员及2名进攻球员，如图所示站位，剩下的球员要在三分线外。

此外，重要的是要告诉罚球的队员可能会涉及的违规，如踩线或提前踩线。

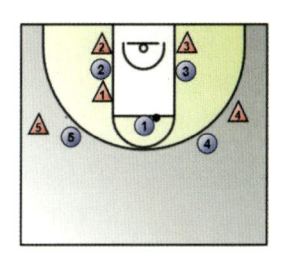

第三节　篮球技术动作与练习方法

对于该年龄段的队员，从掌握篮球技能的角度而言，教练员应明确以下两点。

（1）进一步改进、提高和巩固7~8岁年龄段习得的技术动作，既可以运用此前的练习方法，也可以提高练习方法的难度或技术动作的要求，以提高动作质量。

（2）选择更为复杂的技术动作作为教学内容，多以篮球比赛中易出现的情况进行练习。

动作名称	动作方法及要点	练习方法
多方向起动和加速跑	**方法：** 从基本站立姿势开始，向前起动时前脚掌短促有力地蹬地，同时上体迅速前倾或倒转，向跑的方向移动重心，手臂协调摆动，迅速向跑的方向迈出。起动后，前两步应短促、迅速 **要点：** 移动重心，上体前倾或倒转，用力蹬地，前两步要小而快	1. 基本站立做原地碎步开始，听或看到信号起动快跑 2. 各种情况和状态下沿端线做各种脚步练习，听或看信号向不同方向起动快跑 3. 二人一组，一人面向场地，另一人从其身后将球抛出，前面的人看到球后立即将球接住 4. 原地运球，听或看到信号起动快速运球
变向跑	**方法：** 以向左变向为例，跑动中最后一步是右脚落地，脚尖向左转，用力蹬地，上体向左转，同时左脚向左方快速迈步；向右变向时动作相反 **要点：** 向左变向右脚蹬地，向右变向左脚蹬地；变向的第一步向斜前方迈步要快	1. 快速跑动中体会变向跑动作。向斜前方慢走一定的步数（5步或3步）后突然加速变向，再向相反方向的斜前方慢走一定的步数（5步或3步）后突然加速变向 2. 两人攻防训练，进攻队员通过改变方向跑摆脱防守队员
变速跑	跑动中从快速跑转变为慢速跑，再迅速转变为快速跑 **要点：** 步幅与步频的变化	1. 根据教练员的"加速""减速"口令，做出变速反应 2. 1对1练习，通过变速摆脱防守队员
急停	1. 跳步急停（一步急停） **方法：** 跑动中，用单脚或双脚起跳，上体稍后仰，双脚平行或稍有前后同时落地，并屈膝降重心，保持身体平衡 **要点：** 单脚或双脚起跳，双脚同时落地，屈膝保持身体平衡	1. "之"字形走两三步做跨步急停 2. 自抛自接球"之"字形走两三步做跨步急停 3. 慢跑3~5步做跳步急停 4. 运球跳步急停或跨步急停 5. 接同伴不规律传球跳步急停或跨步急停

续表

动作名称	动作方法及要点	练习方法
急停	2.跨步急停（两步急停） 方法： 跑动中跨步急停时，先向前跨一大步，上体后仰，用脚跟先着地，然后过渡到全脚掌抵住地面，迅速屈膝；接着再上第二步，脚着地时，脚尖稍向内转，用脚前掌内侧蹬地，两膝微屈，重心落在两脚之间。徒手急停时，双臂屈肘自然张开，保持身体平衡 要点： 第一步要大且脚跟先抵地，第二步前脚掌内侧蹬地，两膝弯曲，减缓向前的冲力，保持身体平衡	
控制球转身	方法： 运球过程中，一脚为轴，另一脚前脚掌内侧蹬地，以肩带腰向前或向后转动，同时迅速从中枢脚前面或后面跨过落地。转身过程中，身体重心要在一个水平面上，不能上下起伏，随身体转动向前拉动球 要点： 转身时保护球，身体重心保持平稳。	1.基本站立姿势，原地运球做前转身和后转身90°、180° 2."之"形跑动中连续做运球后转身 3.两人一组，一人运球，另一人防守。防守人试图用手触碰球，运球人利用前（后）转身保护球。练习一定的时间后，攻守交换
传接球	1.双手胸前传球 基本姿势站立，双手持球于胸腹之间部位。传球时，后脚蹬地，身体重心前移的同时，前臂迅速向前伸展，手腕由下而上翻转，继而拇指下压，最后通过食指、中指用力拨球将球传出。出球后，手心和拇指向下，其余四指指向传球方向 要点： 手指急促地由下而上翻转，继而由内向外翻转（拇指下压），食指、中指用力拨球 2.单手胸前传球 以右手传球为例，持球方法与双手胸前传球相同。传球时，上体稍右转左手推球，右手引球到右侧胸部位置，左手离开球，右手持球的侧后下方，伸臂、屈腕，食指、中指用力拨球将球传出 要点： 传球手手腕后屈，急促用力前扣；食指、中指用力拨球	双手持球的练习方法 1.两人一组，5m左右距离，进行双手胸前传接球练习 2.两人一组，5m左右距离，进行单手胸前传接球练习 3.两人一组，5m左右距离，进行双手击地传球练习 4.两人一组，5m左右距离，进行单手击地传球练习 5.两人一组，5m左右距离，进行行进间传接球练习 6.两人一组，3m左右距离，运球结合传接球练习 7.两人一组，5m左右距离，进行单手肩上传球练习

续表

动作名称	动作方法及要点	练习方法
传接球	3. 反弹传球 反弹传球是将球通过地面反弹传给同伴的一种传球方法，其动作方法与其他传球方法相似。主要区别在于改变传球出手时的位置和用力方向，并选择好击地点。反弹传球时，伸臂方向是向前下方，手的用力点在球的后上方。击地点一般在距离接球人的三分之一处 要点： 传球手的用力点在球的后上方，出球要快，击地点适当 4. 肩上传球 肩上传球的动作方法与其他传球方法相似。主要区别在于将球后引于肩上，通过上臂带动前臂，然后屈腕拨指，类似鞭打动作将球传出 要点： 引球手掌朝前，传球时的鞭打动作要快速	
运球急停急起	运球队员在行进间通过节奏的变化，结合急停和急起的脚步动作完成运球 要点： 急停时，采用侧身并两步急停方式，重心要下降 急起时，后脚迅速蹬地，侧肩推球加速	1. 原地高低运球练习 2. 行进间慢速体会急停急起的运球练习 3. 在教练员的口令下，体会急停急起的动作 4. 1对1运球急停急起对抗练习
投篮	原地单手肩上投篮： 以右手投篮为例，右脚在前，左脚稍后，脚尖指向篮筐，两膝微屈，重心在两脚之间。右手五指自然分开，手腕后仰，手指和指根持球的后下方，左手扶在球的左侧上方，置球于右肩前。投篮时，蹬地的同时，向前上方伸展手臂，左手自然离球，右手手腕前屈，食指、中指用力拨球将球拨出。球出手后，身体随投篮动作向上伸展 要点： 保持身体平衡，投篮手手腕后仰持球，置球于投篮手的同侧肩前；蹬地的同时向前上方伸展手臂，完成出手动作；球出手后，身体随球动作	1. 徒手做投篮模仿练习 2. 近距离投篮练习与其他技术结合的投篮练习： （1）运球—急停（跳步急停、跨步急停）接球—投篮练习 （2）跑动—急停（跳步急停、跨步急停）接球—投篮练习 （3）传球—接同伴回传球—投篮练习

续表

动作名称	动作方法及要点	练习方法
上篮	单手高手上篮（行进间单手肩上投篮）： 以右手投篮为例，右脚跨出一大步的同时接球，接着左脚跨出一小步并用力蹬地起跳，同时举球至肩上，当身体接近最高点时，右臂向前上方伸展，手腕前屈，食指、中指用力拨球将球投出 要点： 接球时的第一步要大，接球后的第二步要小；用力腾空完成球出手动作	1. 行进间运球高手上篮练习 2. 行进间接球高手上篮练习 3. 运球过障碍后行进间高手上篮练习
滑步	侧滑步： 一脚脚掌内侧蹬地同时，另一脚向同侧跨出，落地的同时另一脚紧随滑动，向另一脚靠拢 要点： 重心保持平稳，两脚不能交叉	1. 原地碎步练习 2. 向左或向右滑步，练习第一步的反应 3. 从端线开始到罚球线，做慢速滑步练习 4. 半场滑步练习 5. 1对1对抗，滑步练习

第五章
11~12岁年龄段篮球教学训练指导

第一节　训练提示

在这个年龄段，孩子们可以在基本运动技能的各方面发展出高水平的能力，可以进行更高难度的训练。他们可能没有经验，也可能有3~4年篮球运动经历，甚至拥有比同年龄或者更高年龄段的孩子更高的技能水平，因此，教练员必须对每个孩子的技能进行评估，安排适合他们水平的训练内容。

不同能力水平的孩子需要安排不同的训练内容，也就是将孩子依据不同水平分班级进行教学，他们需要完成不同难度的训练内容。例如，在运球训练中，水平较高的孩子要注重开发非惯用手，水平低的孩子要注重惯用手的练习等。

一、教学训练理念

11~12岁这个年龄段对于孩子来说至关重要，因为这是他们快速掌握运动技能的重要时期。教练员要制订适合此年龄段的训练计划，不仅要注重技战术和比赛练习，更重要的是意识的培养，通过比赛和训练更好地培养他们全方位的能力，从而让其得到更加全面的发展。

二、身心特点介绍与指导

（1）他们在适合的运动中才能获得乐趣。

（2）首先要掌握基本的运动技能，为学习篮球技能打好基础。

（3）适当增加难度，让他们掌握更复杂的动作技能。

（4）鼓励他们掌握基本的运动技能。这些技能不会随着孩子年龄的增长而发生变化，而是取决于他们的天赋、比赛经验和环境。

（5）重点提高基本的运动技能，如跑、跳、转体、跨步、抛接球等。这些运动技能是进阶完成组合动作、复杂动作的基础。

（6）设计能让他们感到自信、成功等有趣的、具有挑战性的活动。

（7）设计游戏要以非竞争性、参与性和体验感为准则。

（8）所设计的练习要能够帮助他们理解基本战术和策略，同时巩固运动技能的提升。

（9）注重提高他们身体的灵敏性、协调性和平衡能力。

（10）在训练课和比赛中强调道德与公平竞争。

（11）为所有孩子提供参加具有挑战性活动的机会。

（12）持续发展有氧能力。坚实的耐力基础能够使他们在专项化阶段更加有效地应对训练和比赛的需求。

三、基本运动技能

该年龄段的主要训练目标是发展出更多运动技巧的基本功。这些将是篮球运动必备动作的基础。制订训练计划时，尽量保证这些技能能够在他们的日常训练中展现出来。

基本运动技能	技能	定义及动作讲解
运动技巧	跑	跑步类似走路，但双脚能够同时离开地面腾空一段时间，包括慢跑、冲刺、追逐、闪避和逃离
	躲避	躲避要快速且具有欺骗性的变向，达到追逐或逃离对手的目的。躲避时，要膝盖弯曲，身体迅速向侧面移动
	跳	跳跃可分为三个部分：起跳、腾空和落地。安全落地是学习跳跃或者单脚跳时需要注意的重要技能
	单脚蹦跳	单脚跳是一种冲刺动作，涉及单脚发力和发力脚的落地，还涉及动态平衡，非落地脚的一侧通过往反方向发力去帮助动作的前进
	垫步跳	垫步跳是长迈步和单脚跳的组合，先一只脚做垫步，然后另一只脚迅速蹬地，通过不同的步法节奏变化提升协调能力
稳定性	落地	安全落地是一项重要技能。落地时膝关节弯曲，全脚掌着地，重心下降，双臂下垂
	平衡	当重心超过支撑高度时，就能达到平衡。平衡有两种类型：1.静态平衡，在一个固定的位置保持一个想要的动作（如体操中的倒立）；2.动态平衡，身体在空间中移动时的控制。所有的运动都需要某种静态的平衡，平衡的控制都是通过有效的姿势、肌肉收缩和舒张来产生和管理的
	旋转	旋转有多种运动方式，需要让身体通过空间和围绕自己的轴移动，包括扭转、滚动、转向和自转等动作

续表

基本运动技能	技能	定义及动作讲解
控制	投掷接取	投掷和接取是互补的技能，但它们的动作要领不同。投掷是将球推离出身体，是一个命中目标的技能。在抓取或接取时，身体控制球或者物体，在此过程中眼睛要跟踪球或者物体的移动，直到身体能够控制住球
	手	用手击打和反弹物体，控制向上弹起的球

四、教学训练指导

（1）教练员应使用简短、清晰、简单的指令，让队员参与到行动中。

（2）教练员应采取"跟着我"的方法。

（3）教练员必须具备提供正确示范和纠错的能力。

（4）教练员应该鼓励队员认真投入。

（5）教练员不仅要强调积极向上的态度，而且要提供积极的氛围环境。

（6）教练员应给予队员极大的鼓励。

（7）教练员应使训练简单易懂，并进行良好示范。

（8）教练员应设置具有挑战性的活动去增加训练的乐趣，以及队员获得成功的体验。

（9）教练员应强调努力而不是结果。

（10）教练员应让男、女生一起参加活动。

（11）教练员应鼓励孩子与同龄人互动。

（12）教练员应为队员提供一个在学习、玩耍和发展的过程中充满乐趣的环境。

（13）教练员需要组织好所有的活动，这样才能保证训练的顺利进行。

（14）教练员必须能够正确地评估基本技能，并为队员提供提升技巧和战术发展的各种实践机会。

（15）教练员应尽力让队员充满自信心，以便尝试各种各样的活动。引导他们不要担心技术性的错误。

五、教学训练方法

在这个年龄段，教练员希望队员去了解篮球、经历比赛，学习进攻和防守的特定技巧，并且去学习从整体到具体。不同教学方法各有侧重点，在早期阶段教练员应采用整体的教学方法，因为这会让他们在一个大群体的环境下有更多的乐趣，能练习到很多有关比赛的方面，这些会在将来的时间里获得提升。

当为队员的训练设定目标时，教练员必须清晰地了解到要教的内容是否能够让孩子们发挥出他们最大的能力，并且能够综合地运用到实战中，这是一个基本的原则。以整体化的方式去展示，最终会让孩子们能够在实时比赛中对所学的东西进行灵活的运用。

为了实现教练员所有的训练目标，执教中最基本的要素是比赛。在教练员的所有教学方法中，必须要有趣味性。

教练必须清楚：

（1）必须要有一套运动教育性的训练方法，因为"如果教练员不知道要怎样进行，那么他很难完成目标"。

（2）需要执行的目标任务必须能够以尽可能综合性的方式展现出来。

（3）教练员不能只是允许自己一味地模仿其他教练员。

（4）要从最整体到具体，并且都是以简单的任务开始，慢慢增加难度。

（5）对于孩子们来说任务意味着一个挑战，其次才是知识。

（6）站在孩子的角度去理解、看待他们。

（7）任何教练员构想的目标任务必须是能够给队伍带来最好的结果。

（8）课程中教练员的参与、反馈是非常重要的。

（9）时刻记住评估孩子。

（10）要保持耐心，孩子们不会一夜之间就成为篮球运动员。

（11）教练员必须寻求能够包含多种行动的训练任务，特别是比赛中的协作、对抗，要激发孩子将竞争性作为一种动力。

六、教学训练设计

当教练员面对这个年龄段时，最重要的是组织性方面。队伍里会有不是来自同一所学校的孩子，他们也有不同的行为准则。因此，有必要花些时间，特别是在第一天，明确规则、组织好课堂、分配好队伍、讲解规则等。制定一系列能提高课堂效率和学生积极性的日常行为规范。

例如，教练员可以运用的日常行为规范：

（1）在课堂开始时，所有孩子坐在中圈等待。

（2）在每次游戏结束时，返回中圈去倾听下一个项目的解释。

（3）让他们轮流负责准备一个月的器材用具。

（4）以对伍的形式，分配学生让他们合作一周、一个月、一个季度。

（5）每次训练后补水。

这些日常行为和他们的体育课没有多大的区别，所以考虑到这个年龄段注意力容易分散的情况，制定越多的日常行为规范，课程就越有更高的效率。

在篮球课程的开始，教练员会分为三个模块。

（1）开始模块（10分钟）：包括训练内容的介绍、行为要求的宣布。
（2）主要模块（30~40分钟）：教练高强度地执行本节课的核心计划。
（3）放松模块（10分钟）：教练执行一些依据训练强度大小而制订的放松计划。

作为该年龄段的监管人，教练员必须知道课程的高效时段，孩子们会很容易疲劳，教练员能够利用的最佳时长跨度不能超过30分钟。在课堂中，会有一条强度弧线从小到大再到小（如图6-1-1），教练员要利用这个规律去制订课程计划。

这也是为什么教练员会在第一模块中努力激活学生积极性，并且把主要内容放在接下来的主要模块上。这样学生可以更容易去吸收教练员即将教授的东西，然后他们会在最后的模块进行放松。

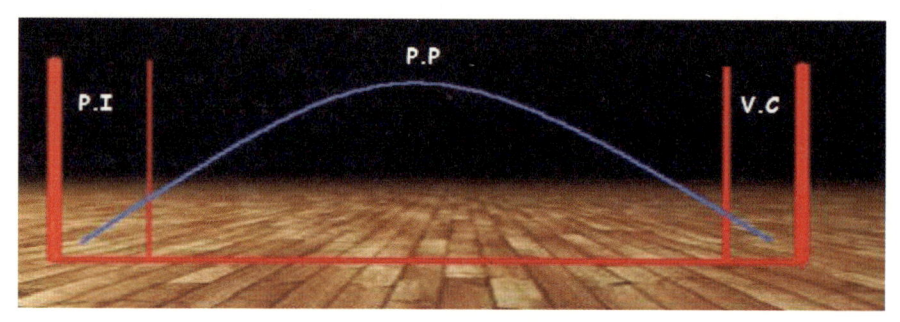

图 6-1-1　强度弧线模型图

第二节　训练方式

一、控制球和运球训练

运球
（一）需要考虑的技能要点
1. 用指腹去触摸球
2. 不要击打球，要用手指完全下压球
3. 保持抬头，眼睛注视前方
4. 不要在脚的正前方运球，尝试把球的落点控制在脚外侧（平行的）
5. 通过改变手触球的位置来改变球的方向
6. 内外运球时手指在球的外侧把球推向身体内侧，手指在内侧时把球推向身体外侧
7. 变向运球时，双手都会位于球的外侧，并且把球推向另一侧
（二）运球的类型
1. 每个方向：往前运球、往后运球、侧面运球
2. 内外运球
3. 变向：体前变向和背后变向

续表

技能分类	训练活动	训练图解
运动技能 跑 起动 篮球技能 运球 起动 急停	（一）组合运球 1. 学习目标 在假设对手防守的情况下进行运球训练 2. 活动设置 （1）队员每人持球成一列排队站好，在弧顶45°、罚篮线、禁区圆弧线45°设置标志桶 （2）左手跑动运球，遇到第1个标志桶运用变向运球换到右手，第2个标志桶运用胯下运球换到左手，第3个标志桶双手转身运球加上篮 3. 变化 可以变换运球动作的顺序	
运动技能 急停 起动 平衡 操控 区分识别 篮球技能 运球 变向 起动 急停	（二）运球比赛 1. 学习目标 在保持稳定的情况下提高运球行进速度 2. 活动设置 （1）队员按人数均等分成2队，在距离底线7m处摆放10个标志桶，标志桶间隔1m （2）听到哨声后，两队第一个人在边线处运球出发 （3）每一个标志桶前快速变另一只手运球，绕完再往回绕加速运球 （4）手递手传球给下一个队员再出发，看哪队最快 3. 变化 （1）在标志桶前做转身或背后运球 （2）按体前、胯下、背后的顺序运球 （3）增加标志桶的个数，以提高难度	

二、传接球训练

传接球
（一）需要考虑的技能要点 1. 手指部分触球 2. 手在球的侧面 3. 球放在胸口处 4. 胳膊往外伸展，大拇指朝下 5. 接球时，手打开，胳膊肘微曲，手指朝向天空，两个大拇指相对 （二）传球类型 1. 双手胸前传球/击地传球 2. 单手胸前传球/击地传球

131

续表

技能分类	训练活动	训练图解
运动技能 传球 接球 反应 篮球技能 球性 运球 传球 接球	（一）传球接力 1. 学习目标 在不确定传球时机的情况下接队友传球，并迅速将球传出 2. 活动设置 （1）所有队员在球场上成圆形散开，其中一人持球 （2）听哨声响起，计时1分钟开始双手胸前传球，随意传给任何人 （3）必须在3秒内处理球否则算失败，传球失误的同学算失败，时间到时球还在手里的同学算失败 3. 变化 （1）使用击地、头上等各种技术进行传球 （2）双手同时触摸身体的某个部位，如肩膀、耳朵、膝盖等 （3）抛球前做一些其他动作，如用球绕髋、运三次球等 （4）交换球：把球抛向空中并且接另一个球	
运动技能 传球 接球 跑 篮球技能 传球 接球	（二）亲子跑动传接球 1. 学习目标 在跑动中练习传接球 2. 活动设置 （1）每个队员和家长一组，面对面站立，每组1个球 （2）当教练员说开始时，队员拿球侧身向前跑，并将球传给家长 （3）家长接到球后，将球回传给同学，家长根据自身能力也可以选择将球抛给孩子，然后继续向前跑动 （4）两人相互传球跑动5~6m后结束 3. 变化 （1）传球方式可采用击地传球、胸前传球、单手或双手传球 （2）可改变两个人之间的传球距离	
运动技能 传球 接球 急停 反应	（三）移动接球 1. 学习目标 练习快速反应接球和快速传球 2. 活动设置 （1）每个队员和家长一组，面对面站立，每组1个球 （2）家长拿球站在原地不动，将球随机抛向队员的左侧或右侧，队员快速接球 （3）队员接到球后做急停动作，并快速准确地将球回传，然后回到原位置 （4）不能使球落地	

续表

技能分类	训练活动	训练图解
篮球技能 急停 传球 接球	3.变化 （1）传球方式可采用击地传球、胸前传球、单手或双手传球 （2）可改变传球距离	
运动技能 传球 接球 急停 跑 篮球技能 运球 投掷 接球 急停 起动	（四）伙伴行进间传球 1.学习目标 （1）运球或急停后传球 （2）主动接球 2.活动设置 （1）将队员分为两人一组，两边边线设置队伍，在一边边线上的所有队员拿球，另一边的边线上的所有队员不拿球 （2）教练员说开始，拿球的队员向前运球，并在中间位置停下来 （3）队员将球传给同组队员，并立即回到最开始的位置 （4）将接到球的队员运球到中间，传球并返回 （5）依此重复达到一定次数 3.变化 （1）跳停后传球 （2）跨步急停并传球 （3）传球方式可采用击地传球、胸前传球、单手或双手传球	
运动技能 跑 躲避 节奏 区分识别 篮球技能 传球 接球 转身 防守	（五）次传球游戏 1.学习目标 （1）传球并且寻找空位队友 （2）寻找空位去接球 （3）无球防守 2.活动设置 （1）队员分为两队，确定活动空间大小，如半场 （2）一支队伍连续传5次球算成功 （3）另一队进行防守并且尝试拦截球 （4）一旦防守方获得球权，双方互换角色 （5）不能运球和投篮 3.变化 （1）完成规定的传球次数 （2）可增加或减少活动空间 （3）允许运球（1到2次）	

三、投篮训练

投篮
（一）需要考虑的技能要点 1. 用手指触球 2. 双脚与肩同宽 3. 投篮手位于球后面，平衡手在旁 4. 膝盖稍微弯曲 5. 把球推出去，然后伸展开 6. 投篮就是把球传给篮筐 （二）投篮类型 1. 运球后投篮：跳步急停或跨步急停 2. 接球投篮：原地或跨步急停

技能分类	训练活动	训练图解
运动技能 投球 跳 **篮球技能** 投篮 篮板	（一）对矮筐近距离投篮 1. 学习目标 练习单手肩上投篮技术的发力感觉和技术动作 2. 活动设置 （1）队员每人一球，在禁区圆弧弧顶后 1m 左右站成一列 （2）对篮筐做完整单手肩上投篮的动作，队员投篮后自己抢篮板球，可 4~6 轮为一组，共进行 2~3 组 3. 变化 （1）不同距离投篮 （2）在投篮前做控球动作，如环绕脚后投篮	
运动技能 投球 跳 **篮球技能** 投篮 篮板	（二）打板投篮 1. 学习目标 练习打板投篮技术 2. 活动设置 （1）队员每人一球，在篮板侧面 45° 位置站成一列，可以两侧同时进行练习，进行一侧训练后，两组交换 （2）站在篮侧，用单手肩上投篮的动作，对篮筐上的正方形区域进行投篮 （3）队员投篮后自己抢篮板球，可 4~6 轮为一组共进行 2~3 组 3. 变化 （1）不同距离投篮 （2）在投篮前做控球动作，如环绕脚后投篮	

续表

技能分类	训练活动	训练图解
运动技能 　投球 　接球 　跑 　跳 　急停 篮球技能 　投篮 　传球 　篮板 　急停	（三）接球急停打板投篮 1. 学习目标 练习接球跨停或跳停打板投篮技术 2. 活动设置 （1）队员每人一球，在三分线45°后站成一列，可以两侧同时进行训练 （2）队员将球传给教练员后向篮下切入，接教练员回传球后做跨步急停或跨步急停 （3）站稳后做打板投篮的技术动作 （4）可4~6轮为一组，进行2~3组 3. 变化 增加投篮距离	
运动技能 　扔 　接 　跑 　转 　反应 　区分识别 篮球技能 　投篮 　传球 　篮板	（四）伙伴传接投篮 1. 学习目标 （1）投篮 （2）准备好接球动作 2. 活动设置 （1）队员两人一组一球，可以依据教练员的指示选择投篮位置 （2）有球队员进行投篮，自己抢篮板，转身，把球传给队友。传球后，跑到其他位置 （3）无球队员要做好准备接球姿势 3. 变化 （1）增加投篮距离 （2）投篮前进行运球 （3）如果投丢球，可投第二次，但是需要在球落地前接到篮板球	
运动技能 　投篮 　接球 　跑 　反应 　区分识别	（五）投篮保龄球 1. 学习目标 （1）投篮 （2）快速抢篮板后准确传球 2. 活动设置 （1）球员以4~5人为一组，在罚篮线成一列站队，在指定位置设置标志桶 （2）队列第一名队员①拿球，当听到教练员的哨声后出发，运球到篮下标志桶前急停投篮 （3）不论投中与否，抢篮板球，拿球快跑手递手交给下一名队员②，然后跑到队尾 （4）②接球后重复①的动作，其他队员依次练习，并且计算	

续表

技能分类	训练活动	训练图解
篮球技能 投篮 篮板 运球	全组命中的次数 （5）其余队员执行相同步骤直到所有队员都到新的位置，并从第一个开始计时 （6）当队员命中教练员规定的全组数量后，将球交给下一位队员，这位队员立即持球跑到底线标记处，向场地规定位置上的标志桶地滚球，如打不中，追赶球捡起返回本组手递手交给下一位队员后，跑到队尾；下一队重复上一队员动作，直至打中标志桶结束比赛。用时最短完成的小组获胜 3. 变化 （1）投篮距离 （2）投中个数	

四、上篮训练

上篮

（一）需要考虑的技能要点
1. 协调运球、收球
2. 收球后往篮筐的两步
3. 抬起同侧的手脚（如右手与右膝、左手与左膝）
4. 学习脚步（右侧：迈右脚，再迈左脚，右手右膝抬起；左侧：迈左脚，再迈右脚，左手左膝抬起）

（二）上篮类型
1. 自然上篮（如右手运球，第一步迈右脚）
2. 接球后上篮（跑动中接球后同时迈出第一步）

（三）不同角度
1. 常规上篮
2. 环绕上篮
3. 反身上篮

（四）不同的持球方式
1. 过肩上篮
2. 低手上篮

技能分类	训练活动	训练图解
运动技能 平衡 跑 起跳 跨越	（一）顺手摘瓜 1. 学习目标 三步上篮连贯动作练习 2. 活动设置 （1）家长和孩子一组一球，家长站在孩子上篮路径上，将球举到孩子正好能拿到的位置 （2）孩子慢跑到家长位置，拿家长手中的篮球，并调整步法，	

续表

技能分类	训练活动	训练图解
篮球技能 上篮 脚步	做三步上篮的技术动作 3. 变化 （1）调整跑动的速度 （2）用不同上篮方式上篮	
运动技能 平衡 跑动 跳 跃 眼脚协调 篮球技能 上篮 脚步	（二）给教练员一个击掌 1. 学习目标 （1）协调跑动和跳跃 （2）抬膝和起跳 2. 活动设置 （1）在地面上放置2个塑料垫，1m的间距，最后一个垫子离篮筐1m左右的距离。队员会在第一个塑料垫排队，教练员站在靠近篮筐的一个位置，伸展一只手 （2）以右侧为例，教练员站在右侧，伸展右手准备和队员做一个击掌 （3）第一个队员迈右脚踩在第一个塑料垫，然后左脚踩在另外一个塑料垫，接着起跳用右手和教练员进行击掌（抬起右膝） （4）落地后，该队员跑去另外一端的队尾进行排队，等待执行同样的动作 3. 变化 （1）从三分线开始，学生要进行跑动 （2）运用篮球，需要学生运球、收球、踩在垫子上并且投篮	
运动技能 平衡 跑 跳 跃 眼脚协调	（三）自由上篮 1. 学习目标 （1）协调跑动和跳跃 （2）抬膝和起跳 （3）运球、收球和执行一个上篮动作 2. 活动设置 （1）在篮下放置一些相同颜色的标记垫，队员拿球并且观察球场 （2）教练员告知用哪只手运球，宣布开始后，队员去寻找没有人的标记垫 （3）运球靠近标记垫，正确地收球和迈步踩点起跳出手 （4）完成出手后，队员自己抢篮板球，并且运球到另外一边重复练习 3. 变化 （1）必须在同个篮筐完成三次投篮，然后换到另外一边 （2）在一边用右手运球，在另外一边用左手运球	

续表

技能分类	训练活动	训练图解
篮球技能 　运球 　上篮脚步	（3）当穿过半场线时，必须停下，执行一个控球练习，如球环绕头3次	
运动技能 　平衡 　跑 　跳 　跃 　眼脚协调 篮球技能 　运球 　上篮脚步 　传球	（四）比比谁更快 1. 学习目标 运球上篮结合练习 2. 活动设置 （1）把学生分为2组，每组一个球，每组都在三分线上开始，第一个队员拿球，其他队员排在其身后 （2）当教练员说开始，每组第一个队员向篮筐运球 （3）出手后，自己抢篮板球，运球回到队列后把球传给下一个队员，下个队员执行相同的动作 （4）完成规定的次数、用时少的为赢家 3. 变化 （1）如果第一次投篮未中，允许补篮 （2）不要让球落地	

五、持球突破训练

持球突破		
（一）顺步突破 方法：准备姿势是两脚左右开立，两膝微屈，持球于胸前，同侧步向突破方向跨出，将球置于突破一侧位置，异侧脚蹬地、转体、侧身、探肩、推放球、加速 关键：起动突然，蹬跨有力，探肩运球快速连贯 （二）交叉步突破 方法：准备姿势是两脚左右开立，两膝微屈，持球于胸前，异侧脚跨出，将球置于突破一侧位置，同侧脚蹬地、转体、侧身、探肩、推放球、加速 关键：蹬、转、探、运、蹬各个环节动作连贯协调，中枢脚不要移动，拍球部位用力方向要正确		
技能分类	训练活动	训练图解
运动技能 　跑 　急停 　起动 　平衡 　跳	（一）行进间自抛球顺步接交叉步突破练习 1. 学习目标 在行进间接自抛球的突破技术练习 2. 活动设置 （1）每人一个球成一列在底线站队，成Z字摆放标志桶，标志桶之间间隔3～5m，队员之间保持一定距离 （2）队员根据教练员的讲解和示范，站在标志桶前拿好球放在腹部的位置，做顺步突破的假动作后做交叉步突破，运球	

续表

技能分类	训练活动	训练图解
篮球技能 运球 起动 急停 接球	到下一个标志桶前，重复以上动作 3. 变化 调整行进间速度	
运动技能 跑 起动 急停 接球 **篮球技能** 运球 急停 起动	（二）接抛球急停顺步假动作后交叉步突破 1. 学习目标 接球急停衔接顺步假动作后做交叉步起动突破 2. 活动设置 （1）两人一组一球，在底线成一列站队 （2）两人相对站立，一人拿球 （3）无球的队员站在底线一侧，接有球队友传球后做急停动作 （4）快速做顺步假动作后做交叉步动作完成突破，然后将球传给队友完成上述循环 3. 变化 调整动作速度	
运动技能 跑动 急停 起动 平衡 **篮球技能** 运球 起动 急停 转身	（三）自抛球急停突破上篮练习 1. 学习目标 突破与上篮技术结合练习 2. 活动设置 （1）队员每人一球，在三分线外两侧占两列，前面各放置1个标志桶 （2）在三分线外自抛球急停后，做快速起动突破动作 （3）保持行进速度完成上篮后拿好篮板球，站到队尾 （4）两侧错开练习，做 4~6 轮为一组，2~3 组后交换练习。 3. 变化 （1）动作速度 （2）增加标志桶，增加上篮前的运球变化 （3）增加或减少假动作	

六、防守训练

防守		
需要考虑的技能要点 1. 球员一定要先去理解防守概念，而不是防守脚步 2. 阻止自己防守的人运球、投篮、传球、接球 3. 防守持球人时，身体挡在持球人与篮筐之间 4. 防守无球人时，跟随防守人		
技能分类	训练活动	训练图解
运动技能 跑 闪避 跨 跳 篮球技能 运球 防守	（一）触碰立柱 1. 学习目标 防守脚步和防守反应练习 2. 活动设置 （1）在队员左、右、左后、右后4个方向放置标志桶，教练员拿球，队员不拿球 （2）教练员说开始时，队员原地小碎步 （3）根据教练员的运球方向，球员迅速反应移动触碰标志桶 （4）完成6~8次或持续30~45秒 3. 变化 （1）增加或减少标志桶数量 （2）增加或减少教练员的方向变化频率	
运动技能 跑 闪避 节奏 区分识别 篮球技能 传球 接球 转身 防守	（二）红绿灯 1. 学习目标 在急停急起中快速变换防守姿势的练习 2. 活动设置 （1）教练员拿球，队员不拿球，规定活动空间的大小，如半场或全场 （2）教练员发出口令或运球跟随 （3）在听到口令"绿灯"时，队员快速起动侧向跑，跟随教练员，当听到口令"红灯"时，快速急停并转换防守姿势，原地碎步面向教练员方向，并不断做出上步抢断球动作 3. 变化 （1）调整距离 （2）调整红灯的次数 （3）增加或减少防守强度	
运动技能 跑 闪避 区分识别	（三）滑步堵截 1. 学习目标 多人防守的脚步移动和语言沟通练习 2. 活动设置 （1）6人一组防守，6人一组进攻，间隔5m左右沿边线摆	

续表

技能分类	训练活动	训练图解
篮球技能 运球 防守	放立柱 （2）防守方两人一组分成3组，分别防守每两个立柱之间横向的延长线，防守人只能左右移动不能前后移动 （3）进攻方伺机突破，不能超出场地范围，不能被防守人触碰，到达对面端线算通关 （4）通关人数最多的队伍获胜 3.变化 （1）调整场地范围的大小 （2）增加或减少闯关数	
运动技能 跑动 躲避 冲刺 跳跃 滑步	（四）如影随形 1.学习目标 练习无球防守 2.活动设置 （1）两人一组，一人跑动，一人防守 （2）两名队员相距一臂距离，从端线开始，进攻队员自行决定何时加速，何时变向，何时急停，但进攻方不能用身体强行突破，被封堵正面时要向左右跑动摆脱 （3）防守队员只能跟随不能用手拉拽对方 （4）在规定时间内进攻方没有到达对面底线算防守方胜 3.变化 （1）减小场地范围 （2）减小防守难度	
篮球技能 运球 投篮 防守 篮板	（五）同心协力 1.学习目标 提高队员之间的沟通能力和无球防守能力 2.活动设置 （1）将队员分成4人一组的若干组，在半场内完成进攻 （2）半场4对4攻防，持球人运球后不能直接得分，只能将球传给队友助攻得分 （3）进球记2分，防守成功记1分。5分钟内得分高的队获胜 3.变化 （1）调整进球和防守成功的分值 （2）增加人数扩大场地，变成五对五全场攻防	

141

七、基础配合训练

基础配合		
需要考虑的技能要点 1. 与队友默契配合 2. 语言交流		
技能分类	训练活动	训练图解
运动技能 跑 接球 传球 篮球技能 传球 接球 上篮	（一）传切配合 1. 学习目标 2人间传切配合练习 2. 活动设置 （1）队员在三分线外站一列，每人一球，教练员站在三分线外一侧45°角位置 （2）将球传给教练员后向篮下空切，跑动中主动伸手要球 （3）接到回传球后完成上篮，最后拿好篮板球站到队尾，依次进行3~5轮，换边 3. 变化 （1）增加防守球员 （2）不同传球方式	
运动技能 跑 接球 传球 节奏 区分识别 篮球技能 传球 接球 转身 上篮 掩护	（二）掩护内切 1. 学习目标 掩护后掩护人内切的练习 2. 活动设置 （1）将队员分成两组，在三分线外站两队，其中一组拿球 （2）有球方将球传给队友后，立刻给其做掩护 （3）队友接到传球后，借掩护突破后，将球传给下顺的队友 （4）掩护完成后掩护人立即转身下顺，接队友传球完成进攻 3. 变化 （1）调整终结方式 （2）增加或减少防守人 （3）增加或减少防守强度	
运动技能 跑 闪避 区分识别	（三）掩护外弹 1. 学习目标 掩护后掩护人外弹的练习 2. 活动设置 （1）将队员分成两组，在三分线外站两队，其中一组拿球 （2）有球方将球传给队友后，立刻给其做掩护 （3）队友接到传球后，借掩护突破后，将球传给外弹的队友 （4）掩护完成后掩护人立即向外线弹出，接队友传球完成进攻	

续表

技能分类	训练活动	训练图解
篮球技能 运球 防守	3.变化 （1）增加或减少防守人 （2）增加或减少防守强度	
运动技能 跑 躲避 冲刺 滑步 篮球技能 防守	（四）防守掩护的挤过配合练习 1.学习目标 练习挤过防守配合 2.活动设置 （1）两人一组，一组进攻，一组防守 （2）进攻队员进行掩护配合 （3）防守持球的人从掩护人身前挤过，继续跟防持球人 3.要点 控制掩护完成速度	
	（五）防守掩护的交换配合练习 1.学习目标 练习交换防守配合 2.活动设置 （1）两人一组，一组进攻，一组防守 （2）进攻队员进行掩护配合 （3）防守两人交换防守对象，继续跟防持球人 3.要点 控制掩护完成速度	

八、比赛实战训练

比赛实战

该年龄段的孩子在提高以前所学基本技术的基础上，可以进行更多比赛实战的训练，在比赛中提高技术动作的掌握和运用比赛形式，可以安排"1对1""3对3"和"4对4"的实战比赛，通过安排不同人数和场地空间，模拟不同情况进行练习。就学习目标和学习周期而言，教练员组织的比赛将被视为一次练习

进攻：
1.进攻队员尽量通过基础配合完成进攻
2.进攻时要保持积极的无球跑动，找准时机进行内切和外弹
3.如果队友处于空位（没有人防守）就尝试传球

防守：
1.增加无球防守的强度，保持对有球人防守的强度和积极性
2.防守时积极与队友进行语言交流

第三节　篮球技术动作、战术配合与练习方法

动作名称	动作方法及要点	练习方法
平衡	**方法**： 在静止或运动中的身体平衡，其实质是对身体重心控制的稳定性 **要点**： 动作协调，重心稳定	1. 跳箱子 面向箱子站立，双脚分开与肩同宽，双臂位于体侧，背部挺直。双臂快速上摆，双脚蹬离地面，向前跳过小箱子。落地时，屈膝缓冲，同时双臂下摆至体侧。保持落地姿势 1~2 秒，然后恢复直立 2. 单腿左右跳 端线与限制线交点起动，起跳时，脚跟先着地过渡到前脚掌蹬地，两臂上摆，另一腿屈膝上提，当身体达到最高点时，摆动腿自然下放，落地时屈膝缓冲。连续起跳做到中区位置 3. 燕式平衡 单腿站立，上身前倾，双臂前伸，同时屈髋，双臂、躯干和抬起的腿在同一侧腿后伸，呈燕式平衡姿势，身体保持稳定，骨盆在中立位。完成规定时间，然后换另一侧重复动作
急停	1. 跳步急停 **方法**： 跑动中单脚或双脚起跳，使双脚稍有腾空，上体稍后仰，身体重心滞后，两脚脚跟着地过渡到全脚掌着地。落地时，两脚平行，略宽于肩 **要点**： 落地时动作轻盈，以缓和前冲速度；落地后迅速降低重心，保持身体平衡 2. 跨步急停 **方法**： 急停时，先向前跨出一大步，用脚跟先着地并迅速过渡到全脚抵住地面，降低重心，身体稍后仰。第二步落地的同时，两膝深屈并内扣，身体稍侧转，两脚尖自然转向前方，前脚掌内侧用力抵住地面制动向前的冲力，上体稍后仰，两臂屈肘自然张开，然后上体迅速自然前倾帮助控制身体平衡 **要点**： 第一步要用脚跟着地过渡到脚前掌，膝	1. 走两三步做跳步或跨步急停 2. 慢跑 3~5 步做跳步或跨步急停 3. 跳步或跨步急停后，向上双脚或跨步单脚跳 4. 运球跳步急停或跨步急停 5. 自抛自接球后跳步急停或跨步急停 6. 接同伴球跳步急停或跨步急停

续表

动作名称	动作方法	练习方法
急停	微屈；第二步落地时，用前脚掌内侧蹬地制动前冲速度，屈膝降低重心	
滑步	**方法：** 两脚平行站立，两膝较深弯曲，上体保持正直。滑步时，一脚向同侧方向迈出后，异侧脚蹬地滑动，两脚保持一定距离。滑步可分为侧滑步、前滑步和后滑步 **要点：** 滑步时，保持屈膝，降低重心，身体不要上下起伏，两腿不要交叉	1. 前后滑步练习 端线出发，向斜前方做向前的横滑步，接前转身继续向斜前方横滑步，到中线后快速跑动到对侧，向斜后方做向后的横滑步，接后撤步继续向斜后方横滑步，到端线后快速跑动到对侧，连续做3组 2. 横滑步练习 教练员运球，队员横滑步跟随，教练员回传球给另一名教练员，队员快速跑动回追 3. 滑步组合练习 横滑步到肘区，平步防守，双手上扬，快速移动，前滑步到弧顶，后撤步接后滑步到45°，横滑步到另一侧边线 4. 跑动接滑步练习 右侧为例，限制线与端线交点快速起动，斜步防守，左脚在上，左手上扬，横滑步到45°三分线位置，斜步防守，左脚在上，左手上扬，封堵上线，快速跑动回追移动，平步防守，双手上扬 5. 信号反应练习 教练员弧顶持球，发出信号后，队员快速攻击步移动到身前做碎步防守，教练员发出向左、向右、回位等信号，队员交叉步追击防守，到位置后马上做堵中放边的斜步防守
控球	一、环绕类 1. 原地绕体推滚球 **方法：** 双腿并拢体前屈，将球放于右脚前地面上。练习时，用右手侧使球沿地面向左侧后滚动，至身体左侧时，改用左手推球向身后滚动，到体后再换用右手将球从体侧向前滚动还原。依此连续进行 **要点：** 身体协调发力，速度可由慢到快 2. 原地绕腿八字推滚球 **方法：** 两腿左、右开立宽于肩，将球置于右脚前。练习时，用右手从球前向后拉推，使球沿地面向后滚动，经右脚外侧至腿	1. 单侧循环练习 2. 慢速循环练习 3. 快速完整循环练习

145

续表

动作名称	动作方法	练习方法
控球	后时，改推球侧后使球绕右腿从胯下向前滚动，至体前改用左手推滚球再绕左腿。依此连续进行绕腿 **要点：** 整个训练过程中脚尖始终与膝关节方向一致 3. 环绕双腿交接球 **方法：** 两脚并立，体前屈，双手持球于小腿前。练习时，左手持球经体侧在腿后将球交右手，右手持球于小腿前再交左手。依此连续进行。球环绕按顺时针、逆时针方向，速度由慢到快交替练习 **要点：** 保证环绕速度，球尽量不要接触腿	
抛接球	二、抛接球类 1. 双手向上抛球后做转身 **方法：** 全身协调用力将球向上抛起，向上抛球后，原地做前转身360°或720°，然后再接住球 **要点：** 抛球高度头上一臂距离 2. 单手交替抛、接球 **方法：** 两脚前后自然开立，两手持球于体前。练习时，右手持球向前上方抛球，球下落时用左手接球，并顺势后摆，再回向前上方抛球，右手接球。依此连续进行 **要点：** 手臂伸直，手指手腕发力抛球 3. 前抛后接 **方法：** 两脚左右开立，略与肩宽，两膝微曲，双手持球于腹前。练习时，双手将球向上抛起，然后两手在身后接球，接球后再快速抛球至身前。重复动作，每10次为一组	1. 原地试抛和接球动作分开体验练习 2. 高抛球两者结合练习 3. 降低抛球高低完整练习 4. 抛球后接球前增加1~3次拍手练习

续表

动作名称	动作方法	练习方法
抛接球	**要点：** 抛球过程中，重心下降；抛球力度不宜过大，高度不宜过高	
交接球	三、交接球类 1. 踢腿交接球（从内到外） **方法：** 两腿自然开立，双手持球于胸前。练习时，两腿交替向前踢起，当一腿前踢时，球从内到外，一手将球于大腿下交给另一手。依此反复练习 **要点：** 协调发力，动作连贯 2. 踢腿交接球（从外到内） **方法：** 两腿自然开立，双手持球于胸前。练习时，两腿交替向前踢起，当一腿前踢时，球从外到内，一手将球于大腿下交给另一手。依此反复练习 **要点：** 协调发力，动作连贯 3. 两手体前相互拨传球 **方法：** 双手持球，手臂向前伸直，用两手的手指拨球。练习时，可按口令节奏，由慢到快，由快到慢，亦可由伸臂到屈臂，再由屈臂到伸臂 **要点：** 根据熟练程度加大两手之间距离 4. 胯下交接球 **方法：** 两脚左、右开立，略宽于肩，两手持球于膝前。练习时，右手持球在胯下将球交左手，左手持球经左腿后、在胯下再交右手。依此连续进行，球移动轨迹呈8字形 **要点：** 交接球过程中球不离手	1. 原地慢速或分解练习 2. 原地快速完整练习 3. 行进间慢速或分解练习 4. 行进间快速完整练习

续表

动作名称	动作方法	练习方法
运球	1. 胯下运球 **方法**： 以右手持球为例，左脚在前，右脚在后，前后站立，降低重心，上身微屈，右手按拍球的侧面让球从胯下经过，最后反弹至左侧，左手接球，重复上述动作 **要点**： 用力均匀，目光始终向前 2. 背后运球 **方法**： 以右手持球为例，两脚平行站立，两膝微屈，右手按拍球的侧面，让球从背后经过最后反弹至左侧，左手接球，重复上述动作 **要点**： 用力均匀，目光始终向前	1. 行进间胯下拨球练习 大臂小臂不发力，用手指充分拨动球，经过胯下左手，迈动右腿，重复拨球 2. 8字拨球 拨球使球经过体前—身体右侧—胯下—体前—身体左侧—胯下的顺序绕8字 3. 8字运球 顺序同"8字拨球"，用连续的低运球完成 4. 行进间连续胯下运球练习 以右手接球为例，先双脚平行站立，迈出左腿，右手拍击球一次经过胯下，左手接球，左手拍击球一次，右腿蹬地向前迈出，做出一个突破的动作。在做左手胯下运球，重复到边线位置 1. 原地背后拨球练习 大臂小臂不发力，用手指充分拨动球，经过背后，滚动到另一侧并重复 2. 体前—背后拨球练习 用手拨球让球经过体前—体侧—背后 3. 一次运球衔接背后运球练习 原地运一次球后，做一次背后运球把球接住，重复动作 4. 连续背后运球 连续进行背后运球练习 5. 行进间背后运球练习 在行进间完成背后运球练习
持球突破	1. 向标志桶跨步 **方法**： 持球在腹部位置，屈膝半蹲降低重心，用与突破方向一致的同侧脚向放置的标志桶外侧跨出一步，站稳后收脚 **要点**： 保持平衡和身体协调 2. 向标志圈推放球 **方法**： 持球在腹部位置，屈膝半蹲降低重心，向放置的标志圈内侧做突破跨步动作，站稳后原地运一下球，最后收球回到站立姿势	1. 分解动作练习 2. 慢速连贯动作练习 3. 快速完整动作练习 4. 自抛球急停衔接完整突破动作练习 5. 行进间接传球急停后衔接突破动作练习

续表

动作名称	动作方法	练习方法
持球突破	要点： 突破时身体尽量贴着标志桶 3. 向标志桶侧肩 方法： 站在标志桶前，持球在腹部位置，做持球突破的动作，推放球加速后护球手要摸到标志桶的下部，强化侧肩动作 要点： 触摸标志桶的下部	
基础配合	1. 传切配合 方法： 将球传给队友后，立刻按弧线向篮下切入，接到队友传球后完成进攻 要点： 传球跑动时机，弧线跑动并主动要求 2. 掩护配合练习 方法： 无球队友给持球人做有球掩护，掩护完成后掩护人立刻转身内切（外弹），持球人将球传给掩护人后，完成进攻 要点： 掩护、内切（外弹）和传球时机	1. 弧线跑动练习 2. 摆脱假动作后弧线跑练习 3. 传球切入练习 4. 传球切入、接回传球上篮练习 5. 在两人低强度防守下练习传切配合 6. 3对3比赛实战练习 1. 掩护动作练习 2. 掩护内切练习 3. 掩护外弹练习 4. 掩护内切接传球上篮练习 5. 掩护外弹接传球投篮练习 6. 2对2低防守强度模拟实战练习（根据进攻队员特点或防守人防守选择，选择不同配合形式完成进攻） 7. 3对3比赛实战练习

第六章
13~15 岁年龄段篮球教学训练指导

第一节　训练提示

教练员应当继续训练和发展这一年龄段青少年的基本运动能力，同时更多地强调团队攻防技战术，因此对于该年龄段的队员，更多地开展竞赛性的活动更为重要。此外，需要通过3对3，4对4的半场竞赛，逐渐地向5对5的全场形式扩展，让球员有更多的机会参与到实战中，并有更多的空间去享受篮球带来的快乐。

一、教学训练理念

13~15岁年龄段的青少年应在发展他们基本运动技能的基础上，重点培养团队攻防技术与战术，不仅要重视基本功的发展，更要学会观察队友、学会配合。通过半场比赛训练他们的个人攻防技术，通过全场比赛培养他们的团队战术意识，让他们在实战中不断展现自己，树立自信心，坚定信念。

二、身心特点介绍与指导

（1）要让他们在竞赛活动中获得乐趣。
（2）巩固和发展基本运动技能，提高身体运动能力。
（3）增加难度，掌握更加复杂的组合技术动作。
（4）重点提高篮球组合技术动作和复杂动作。
（5）设计能让他们感到自信、成功等有趣的、具有挑战性的训练计划。
（6）设计具有参与性和体验感的竞赛活动。

三、基本运动技能

这个年龄段的主要训练目标是发展出更多运动技巧的基本功。这些将是篮球运动所必备的动作的基础。

基本运动技能	技能	定义及动作讲解
运动技巧	跑	跑步类似走路，但双脚能够同时离开地面腾空一段时间，包括慢跑、冲刺、追逐、闪避和逃离
	躲避	躲避要快速且具有欺骗性的变向，达到追逐或逃离对手的目的。躲避时，要膝盖弯曲，身体迅速向侧面移动
	跳	跳跃可分为三个部分：起跳、腾空和落地。安全落地是学习跳跃或者单脚跳时需要注意的重要技能
	单脚跳	单脚跳是一种冲刺动作，涉及单脚发力和发力脚的落地，还涉及动态平衡，非落地脚的一侧通过往反方向发力去帮助动作的前进
	垫步跳	垫步跳是长迈步和单脚跳的组合，先一只脚做垫步，然后另一只脚迅速蹬地，通过不同的步法节奏变化提升协调能力
稳定性	落地	安全落地是一项重要技能。落地时膝关节弯曲，全脚掌着地，重心下降，双臂下垂
	平衡	当重心超过支撑高度时，就能达到平衡。 平衡有两种类型：1. 静态平衡，在一个固定的位置保持一个想要的动作（如体操中的倒立）；2. 动态平衡，身体在空间中移动时的控制。所有的运动都需要某种静态的平衡，平衡的控制都是通过有效的姿势、肌肉收缩和舒张来产生和管理的
	旋转	旋转有多种运动方式，需要让身体通过空间和围绕自己的轴移动，包括扭转、滚动、转向和自转等动作
控制	投掷	投掷和接取是互补的技能，但它们的动作要领不同。 投掷是将球推离出身体，是一个命中目标的技能。在抓取或接取时，身体控制球或者物体，在此过程中眼睛要跟踪球或者物体的移动，直到身体能够控制住球
	接取	
	手	用手击打和反弹物体，控制向上弹起的球

四、教学训练指导

（1）介绍活动。教练员应在训练时尽可能少讲话，确保清晰扼要讲到重点；使用提示词，提供简明反馈意见；排除干扰，讲话时要尽可能选择一个开放的位置站定。

（2）观察活动。一旦活动开始，教练员应观察队员是否了解他们应当做什么，以及应用技巧是否熟练。对于错误的动作和跑位应当及时提醒，不应当叫停活动，纠正环节应做好记录，最后总结。

（3）提出反馈意见。对表现良好或者存在的错误要做简短的夸奖或纠错提示。训练活动做到边跑边教。

（4）引导队员自己找到答案。教练还应利用问题去引导队员自己去发现他们做错了什么（以及需要怎么去做），而不是一味告诉球员他们做错什么了。

五、教学训练方法

教练员必须意识到，即使有些队员看起来体型高大，但他们仍然还是青少年，他们的情绪较为波动，并且急于证明自己。同时，有训练经历的队员已经固化了一些思维，有些执教方法可能会让他们感到不适应，甚至感到有些能力不足。此外，球队中可能既有已经有好几年篮球训练经历的队员，也可能有刚开始接触篮球的队员。教练员的执教方式不但会影响到经验较少队员的自信（他们看到其他队员能做他们做不到的事情，因此会感觉很失败），而且也会影响到有经验队员的兴趣水平（这些队员可能感觉跟没经验的队员一起训练没挑战性）。教练员必须帮助经验少的队员逐步适应这种较高水平的要求。

教练员必须更加深入地关注基本技术和个人战术决策（1对1，2对2，3对3等情况下的队员决策）的发展。但是，教练员切记不能步子迈得太大，因为队员们需要吸收他们所学的东西，而且队员们还必须能控制自己的进步情况。与此同时，教练员必须确保能让经验较丰富的队员面临一定的挑战，从而保持他们对这项运动的兴趣。做到这点的一种方法是不同水平的队员设定不同的要求。例如，经验少的队员可以使用他们的任何一只手传球和运球，但经验较丰富的队员必须使用他们的非惯用手。

在这个年龄段，不要太限制队员是很重要的注意事项。另外，教练员应通过允许队员完成任何类型的任务（例如，他们应该都能在任何位置快攻）来提高在未来获得更好成绩的可能性。所有队员都必须学习外线与内线技巧。队员在学习时可能会犯下很多错误。教练员必须努力帮助队员克服弱点，给他们机会运用熟悉的技能和技术，从而确保队员从中获得一些满足感。教练员必须设定多个球员能控制的环境，从而提高他们的自信。教练员使用过程评判法而非得分来定义"成功"可能是特别有效的一种方法，可以开展很多不投篮的活动。例如，传球比赛，活动目标是达到一个特定数目的传球数，让球传到球场的一个特定位置或是所有队员都必须达到特定次数的触球数。教练员还应关注球员的全面发展，但也应通过更细化的方式衡量每个球员的特定需求。

训练执教原则：

（1）必须要有一套具有教育性的运动训练方法，通过具体的方法完成既定目标。

（2）需要执行的目标任务尽可能以综合性的方式展现出来。

（3）除了传统的训练方法以外，训练方法要有创新，要有自己的执教特点。

（4）从整体到具体，从简单的任务开始，慢慢增加难度。

（5）先让队员感受到任务的挑战性，然后再掌握技能知识。

这个年龄段的球员需要掌握精细化的篮球技术动作，所以在设计活动时，需要设定跑、传、扔、抛、跳等组合技术，以及复杂技术动作，并且要在比赛中进行团队协作和对抗，去引导竞争，从而让队员形成愿意去做的动力。

设计更多改变规则、改变环境的比赛。另外，通过比赛体验，要让队员了解比赛的概念、策略、战术要求等，让队员感悟比赛中技战术运用的"本质"，然后用一种合适的节奏帮助其掌握比赛技术，这样才能够更快地融入比赛中，所学技术才能更加实用，更加贴近实战。

六、教学训练设计

教练员要呈现多样化的训练内容，使训练内容有充足的选择空间。根据每个训练内容包含的教学要点，把握好训练的细节，同时把握训练强度和训练量的分配。练习前要让队员清晰练习的要求；组织练习过程中，技术练习可以运用循环训练法以任务点的形式完成，并逐渐增加难度，实现技术进阶；战术练习要让队员熟悉团队的每个角色的跑位，以及需要运用的技术动作，并通过不断的跑位提升比赛中的实战意识。

教练员可以运用的日常行为规范案例如下：

（1）在课堂开始时，所有队员中圈位置集合。同时，宣布训练内容。明确训练任务。

（2）在每个训练结束时，要对训练效果进行反馈。同时，通过改变规则、内容和方法在下一次训练中进行巩固和提高。

（3）要培养强烈的团队意识，课前训练装备要摆放整齐，组织队列快速、整齐。

（4）每次训练后补水。

一堂篮球课一般分为 3 个部分。

准备部分（15 分钟）：这包括了训练内容的介绍，行为要求的规范。一般性准备活动，包括动态拉伸，基础动作练习、游戏等激活兴奋灶；专项准备活动，包括篮球基本技术练习或者导入基本部分练习内容的一些简单动作技术。

基本部分（40~50 分钟）：教练员应高质量地去执行本节课的核心计划，练习内容要多样化，并多以比赛形式来开展练习任务。

结束部分（10 分钟）：做一些依据训练强度大小而制定的放松训练内容，如静态拉伸、放松游戏等，最后做好本堂课的总结，收球，师生再见。

作为教练员，必须保证课程质量，使 30~40 分钟基本部分内容能高效完成，教练员要利用强度弧线这个规律去制订课程计划。在准备部分要充分激活队员，设计好承上启下的训练内容，逐渐引入基本部分，这样队员可以比较顺畅的从易到难的接受技术习得，然后在最后部分设计积极的放松内容。

第二节　训练方式

该年龄段的训练方法应当以团队训练为重点，以个人进阶训练为辅助。根据队员身心发展特征和篮球学习目标，教练员在训练中应有意识地提升队员的实战能力。

一、组合技术训练

组合技术训练		
需要考虑的技能要点 1. 保持好的节奏 2. 组合技术衔接流畅 3. 保持抬头，目视前方 4. 贴近身体控制球，始终处于保护球状态		
技能分类	训练活动	训练图解
运动技能 跑 停 起动 平衡 跳 篮球技能 急停 接球 投篮	（一）三人两球强度投篮 1. 学习目标 在高强度移动下提高快速投篮的能力。投篮队员要移动快、接球准备快、出手快；抢篮板球、传球的队员要做到快速、准确、及时 2. 活动设置 （1）3 名队员在一个半场，始终保持两名队员投篮，1 名队员抢篮板球传球，投篮后要快速抢篮板球传球，在 1 分钟或 2 分钟的时间内完成投次和中次 （2）教练员示范讲解练习方法，并向队员发出"开始"的指令或信号引导队员开始练习 （3）当发出"开始"的指令后，队员开始投篮，结束时发出"时间到"的指令 （4）完成后，要记录投次、中次。根据队员的能力水平设定数量要求、完成组数和组间休息时间等 3. 变化 设置投中次数，时间为 1 分钟，中次分为 10 次 /3 组、12 次 /2 组、15 次 /1 组	
运动技能 跑 停 平衡 跳 篮球技能 抛球 起动 急停 投篮	（二）自投自抢抛接球投篮 1. 学习目标 （1）节奏调整快、投篮出手快 （2）投篮后移动快、抢篮板快、抛球快 2. 活动设置 （1）队员在规定的时间和活动范围内快速移动投篮 （2）听到"开始"指令后快速出手 （3）投篮后快速移动冲抢篮板球，并将球抛到要求的投篮范围，接球急停投篮，连续反复快速进行 （4）完成后，记录投次、中次。根据球员的能力水平设定数量要求、完成组数和组间休息时间等 3. 变化 安排不同时间，进行 1 分钟、1 分半、2 分钟的时间进行投篮安排	外线投篮区 内线投篮区

续表

技能分类	训练活动	训练图解
运动技能 跑 灵活性 跳 篮球技能 运球 变向 传球 行进间上篮 投篮 抢篮板	（三）"奥林匹克"全场综合传球投篮 1.学习目标 （1）跑位意识 （2）传接球 （3）投篮、行进间上篮 2.活动设置 （1）队员站在两侧端线与三分线的交点位置，每边分别站两路纵队，篮下位置站一人 （2）开始练习时，3个人同时向前场移动，站在篮下中路的队员开始传球，一侧队员接球。刚开始传球的①传球后向传球的方向快速移动，②接球后马上传球给向前移动的③，③接球后，运球调整，做行进间上篮，①和②接对侧④、⑤传球后急停跳投（根据队员的能力选择投三分或是两分） （3）③行进间上篮后，抢篮板球后转身，把球传给快下的④，④传球给⑤，⑤上篮，③和④接球投篮，所有投完篮的队员均需抢到篮板球后到同侧队尾 （4）教练员可以通过时间和投中次数设计练习强度和量，也可以通过改变传球位置、传球和投篮位置、传球动作、运球次数等要求不断强化技术，增加难度 3.变化 在传球中线处设置1名防守人进行断球，增加传球的难度；投篮时可采用急停跳投、接球后虚晃运一次球跳投、接球后转身投篮、在防守人防守情况下进行投篮等形式，强化球员投篮命中率	
运动技能 全方位身体运动 跑 平衡	（四）休斯顿传球轮转训练 1.学习目标 （1）移动 （2）团队合作 （3）传接球 2.活动设置 （1）把队员分成两路纵队，分别站在三分线外45°，每名排头队员持球 （2）当教练员说开始时，无球一侧的球员快速向罚球线肘区位置移动，并通过外侧脚蹬地，向弧顶位置弹出 （3）持球队员做三威胁动作，当弹出的队员到达指定位置后，马上将球传出 （4）弹出的队员接球后，做前转身，传给同侧的队员，另一侧队员继续移动 （5）通过设定时间，规定传球次数设计强度和负荷	

续表

技能分类	训练活动	训练图解
篮球技能 控制球 运球 传接球 变向 转身	3.变化 首先是安排无防守移动，强调速度；其次是安排有防守的移动，运用脚步快速传球	
运动技能 跑 协调性 加速 节奏性 侧身跑 **篮球技能** 传接球 运球 团队配合	（五）五人轮转传球训练 1.学习目标 通过快速传球移动，加强轮转和落位意识 2.活动设置 （1）将5名队员分别置于场上5个位置，其中①和③持球 （2）1号位顺时针转到5号位，①传球给②后跑向②，②传球给④后跑向③，④传球给③后跑向⑤，③传球给⑤后跑向④，⑤向上线或者下线快速运球后，移动到对侧后把球传给起始点的⑥，⑤回到队尾 （3）根据球员的能力，设定适合的量和强度 3.变化 安排顺时针和逆时针两种方式	
运动技能 侧身跑 加速跑 灵活性 **篮球技能** 运球 投篮 传接球	（六）侧身跑传接球训练 1.学习目标 通过侧身跑插上移动传接球练习，加强赛场上全场传导球意识与快攻意识 2.活动设置 （1）将两名队员分别安排在三分线弧顶位置等待接球，底线队员持球准备 （2）右侧起动，②向③传球后侧身跑向①要球 （3）①传球给②后，②运球至三分线以外传球给④，①侧身跑向④要球，③传球后，①运球到三分线以外，传球给② （4）②把球传给④后侧身跑接①的球后运球到右侧45°位置进行投篮 （5）①传球后跑到左侧45°位置接④的球进行急停投篮 3.变化 在传球中线处设置1名防守人进行断球，增加传球的难度；投篮时采用急停跳投、接球后虚晃运一次球跳投、接球后转身投篮、在防守人防守情况下进行投篮等形式，强化队员投篮命中率	

续表

技能分类	训练活动	训练图解
运动技能 变速跑 加速跑 平衡 篮球技能 传接球 运球 投篮	（七）M运球投篮训练 1.学习目标 通过移动传接球练习，加强球员运球突破意识 2.活动设置 （1）把所有队员分为4组，分别在半场的4个角，两侧底角位置持球准备，中线两侧位置做好接球准备 （2）右侧起动，④向①传球后跑至其队尾，①接球后快速运球进行上篮练习，然后到③的队尾 （3）左侧③在①出发以后，给②传球后跑至其队尾，②快速运球上篮，然后跑到原来④的队尾，依次进行 3.变化 在运球处采用连续变向运球、连续胯下运球、连续背后运球后进行传球；传球时可采用不同形式传球，如击地、头上、胸前等；投篮时增设接球后急停跳投、接球后转身投篮、接球后转身虚晃运一次球投篮、在有防守情况下进行投篮等	
运动技能 变速跑 加速跑 篮球技能 运球 投篮	（八）全场折返跑投篮训练 1.学习目标 通过移动传接球投篮练习，加强球员投篮出手稳定性 2.活动设置 （1）场上9名队员，分别在底线位置、中线位置、三分线位置准备，中线队员不拿球，其余队员底线做好准备 （2）3人一组，①和③出发后分别向⑦和⑨接球，②出发后向⑤接球，接球后在自己有把握的位置进行投篮 （3）⑦⑤⑨分别跑向对侧有把握的位置接球后进行投篮；④⑧⑥分别跑向对接①②③的球，投篮后抢篮板球一次传给队员，往复跑动练习 （4）命中5个以后，同时大喊一声"换"，底下队员上场，依次进行 3.变化 增设急停跳投、前（后）转身跳投、有限制防守条件（消极防守）下跳投3种形式，从而强化球员的投篮能力	
运动技能 跑 急停 急起 平衡 协调性	（九）五角星投篮训练 1.学习目标 通过快速移动投篮练习，加强球员出手速度与命中率 2.活动设置 （1）安排1名队员在罚篮线以内的位置抢篮板后传球，1名队员进行移动投篮练习，传球转换为下一个移动投篮队员，依次进行	

157

续表

技能分类	训练活动	训练图解
篮球技能 跳投 急停 接球	（2）②为传球队员，①为投篮队员，当教练员发出"开始"信号后，①接②传球后先在90°投篮，再快速跑到篮筐左侧0°位置接球投篮 （3）然后跑至对侧45°位置接球投篮，再到另一侧的45°进行投篮 （4）最后加速跑到对侧0°位置进行投篮后，加速跑到出发点位置投篮，重复进行2个回合，出手10次为一组 3.变化 先是自行投篮，接着放障碍物，最后在投篮位置前站一名防守队员进行封盖，以此依次增加难度进行练习	
运动技能 跑 急停 篮球技能 控制球 传球 接球	（十）限制区防守与进攻脚步训练 1.学习目标 通过进行防守与进攻的脚步练习，提高防守能力 2.活动设置 （1）在限制区四角外围分别放4个标志桶，队员进行脚步练习。 （2）将队员集合排成一路纵队，队员沿限制区边线进行脚步练习，先是加速跑，跑至罚篮线横滑步，然后后退跑至端线，横滑步至初始位置，之后在按照上述动作再重新往返做回来 （3）回至原点后向斜上方做攻击步动，接着横滑步，往返后做后退跑，然后向对侧继续做攻击步，重复刚才的动作，直到抵达终点算结束 3.变化 根据个人速度，制定不同的时间，要求队员达到教练员规定的时间	

二、低位技术训练

抛接球
需要考虑的技能要点 1.用手指触球 2.手在球的两侧 3.球放在胸口位置 4.双臂伸展，拇指向下 5.接球时，双手伸出，手肘微微弯曲，手指指向天空，两手拇指相对

续表

技能分类	训练活动	训练图解
运动技能 　跑 　躲避 　跳 　跳 篮球技能 　运球 　投篮 　防守	（一）罚球线肘区连续接球投篮 1. 学习目标 快速移动摆脱接球急停投篮 2. 活动设置 （1）队员在罚球线两个肘区，连续移动摆脱接球投篮 （2）当教练员发出"开始"信号后，从肘区快速移动到另一侧肘区接球投篮，然后快速向反方向移动继续做接球急停投篮动作 （3）发出"时间到"的指令后，要记录投次、中次。根据球员的能力水平设定数量要求，完成组数和组间休息时间等	
运动技能 　跑 　躲避 　跳 　停 　转动 篮球技能 　接球 　急停 　运球 　转身 　投篮	（二）篮下连续向下线后转身和向上线前转身练习 1. 学习目标 （1）要位转身投篮组合技术 （2）阅读防守能力 （3）调节动作节奏 2. 活动设置 （1）1名队员在限制区内站立，在左右侧45°分别站立两名队员 （2）教练员先示范动作，队员练习时采取45°要位，跳步急停后接球，向下线和上线转身后，跳起投篮 （3）抢篮板后，马上传球给另一侧球员，继续要位，跳步急停，接球，转身跳起投篮 （4）教练员根据队员的能力，规定投中次数和组数，并增加更多的动作组合（如运球一次，运球两次，转身后的投篮假动作后交叉步接第二个投篮动作）	
运动技能 　跑 　灵活性 篮球技能 　持球 　变向 　投篮	（三）篮下连续投篮 1. 学习目标 （1）快速投篮 （2）动作节奏 2. 活动设置 （1）1名队员站在靠近篮下的限制区内，在合理冲撞区0°位置持球准备 （2）当教练员说"开始"时，快速进行投篮（适合高手投篮和勾手投篮动作练习） （3）投篮从底角开始，连续进行45°、弧顶、对侧45°、对侧底角投篮，然后返回进行 （4）教练员根据队员的能力，规定投中次数和组数，并增加更多的动作组合（如运球一次急停投篮，抢篮板后转身投篮等）	

续表

技能分类	训练活动	训练图解
运动技能 　跑 　平衡 　冲刺 　跳 篮球技能 　控制球 　运球 　投篮	（四）多人篮下投篮 1.学习目标 （1）移动，接球急停投篮 （2）在狭小空间内移动时保持好平衡 2.活动设置 （1）除第一位队员不持球外，其他队员每人一球，底线与限制线交点位置站两路纵队，保持好安全距离 （2）1名队员沿着合理冲撞区的弧线向对侧移动，根据教练员指定的点做急停接球，传球的队员要第一时间传球到位，急停接球后快速投篮，抢篮板回到对侧队尾 （3）传球的队员传球后，第一时间在接球人身后绕到对侧接球做同样的接球急停投篮动作，依次反复进行 （4）教练员根据队员的能力，规定投中次数，并增加更多的动作组合（如接球急停勾手投篮，接球急停反手投篮）	
运动技能 　加速跑 　平衡性 篮球技能 　篮板球 　控制 　快攻 　长传球 　投篮	（五）篮板球长传快攻训练 1.学习目标 通过争抢篮板球练习，加强球员合理身体对抗 2.活动设置 （1）所有队员在右侧底线一路纵队持球准备 （2）①拿球在合理冲撞区外抛接篮板，抢到篮板后，后转身运球，接着进行长传球，在三分线以内位置把球传出 （3）②把握时机，在①抢到篮板球后加速跑接球上篮 （4）传球的进行下一个快攻准备，③进行抛接篮板，依次进行	
运动技能 　跑 　反应 　跳 篮球技能 　篮板球 　控制 　传球 　投篮	（六）火车头抢篮板进攻训练 1.学习目标 通过争抢篮板球练习，加强球员合理身体对抗，全队默契养成 2.活动设置 （1）两队队员穿插站位，围绕教练员进行慢跑，教练员随机进行投篮，队员卡位抢篮板 （2）进行全场5对5对抗，打进一球即可换下一组	

续表

技能分类	训练活动	训练图解
运动技能 快速跑 跳 停 转动 **篮球技能** 接球 急停 运球 转身 投篮	（七）上线突破转身训练 1.学习目标 通过快速移动练习，加强球员脚步的灵活性与投篮的稳定性 2.活动设置 （1）1名队员在三分线弧顶位置进行传接球准备，其他队员底线排好队依次出发，要求接球队员左右两边突破各一次后进行排队准备 （2）①在底线中间位置准备，向左侧进行快速移动，接⑤传球后，进行跳步急停或者跨步急停，随之上线运球突破后转身投篮 （3）抢到篮板后再次传球给三分线弧顶位置⑤，并向对侧同上进行，抢完篮板后排队，依次进行	
运动技能 快速跑 跳 **篮球技能** 接球 急停 运球 投篮	（八）突分传球训练 1.学习目标 通过快速移动分球练习，加强球员躯干的稳定性与身体协调性 2.活动设置 （1）3人1组，1名队员在左侧三分线45°准备，两名队员在对侧45°准备，第一个人拿球，进行5次突分后第6次篮下进行对抗投篮 （2）①在底线中间位置准备向左侧进行快速运球后，跳步急停或者跨步急停，上线突破后转身投篮 （3）抢到篮板后向对侧同上进行，抢完篮板后排队，依次进行	
运动技能 快速跑 急停 急起 **篮球技能** 传接球 运球 要位 投篮	（九）传接球要位训练 1.学习目标 通过中锋要位练习，加强球员躯干的稳定性和身体对抗能力 2.活动设置 （1）要求有2名防守队员，分别在三分线和篮下进行防守，其余球员分成两组，外线一组拿球站在对侧底线，内线一组在另一侧底线准备 （2）①在底线位置出发，快速运球到三分线；④在①过中线后，把防守人卡在身后；①不停球，寻找合适的机会传球；④接球后进行对抗下投篮练习	
运动技能 快速跑 反应 平衡	（十）掩护后转身训练 1.学习目标 通过掩护配合，加强队员技术技能与转身时机的选择运用	

续表

技能分类	训练活动	训练图解
篮球技能 传接球 运球 掩护 投篮 后转身	2. 活动设置 （1）把队员们分成2组，落位如图所示 （2）④运球到三分线位置，①快速到弧顶标志桶位置掩护后迅速后转身要球投篮，④传球后抢篮板。两人交换位置，依次进行	

三、攻防战术基础配合训练

攻防战术基础配合		
需要考虑的技能要点 1. 多样的传接球技术运用 2. 组合技术衔接流畅，保持一定的运球节奏 3. 防守脚步与防守选位		
技能分类	训练活动	训练图解
运动技能 快速跑 篮球技能 传接球 投篮	（一）抗干扰球练习 1. 学习目标 通过防守队员的干扰，加强球员的传接球技术 2. 活动设置 （1）在两侧罚篮线和中线位置，设置3名防守队员，其余队员两人一组一球 （2）①和②传球到对侧并进行上篮，期间尽可能保证球不被防守队员干扰或者断掉	
运动技能 快速跑	（二）全场传接球2对1练习 1. 学习目标 通过防守队员的防守，加强球员技术的合理运用，提高出手速度 2. 活动设置 （1）两人一组在底线准备，第二组中的一名队员准备防守	

续表

技能分类	训练活动	训练图解
篮球技能 传接球 运球 投篮	（2）①和②传球到对侧，一名队员上栏，另一名队员抢篮板后，两名队员快速传球往回返，进行2对1 （3）下一组中的一名队员在三分线位置进行防守 （4）防守队员抢到后场篮板后，重复上述动作	
运动技能 快速跑 篮球技能 传接球 运球 投篮	（三）全场传接球3对2练习 1.学习目标 通过防守队员的防守，加强球员技术的合理运用，提高出手速度 2.活动设置 （1）3人一组在底线准备，第二组中的两名队员准备防守 （2）①给左侧③传球后，前跑接回球再传给②，②给左侧③传球，③接球后上篮，最后传球队员抢篮板，快速往回返，进行3对2 （3）同时，下一组中的两名队员，在三分线内进行防守 （4）防守队员抢到后场篮板后，重复上述动作	

续表

技能分类	训练活动	训练图解
运动技能 加速跑 篮球技能 传接球 运球 投篮	（四）踩线攻防训练 1. 学习目标 通过以多打少的形式，加强球员的快速转移球能力与视野 2. 活动设置 （1）3人一组分成两队，一队在罚篮线及延长线准备，一队在底线准备，教练员持球在三分线弧顶准备 （2）教练员随机给底线一名队员传球 （3）接球队员的对侧防守队员迅速起动，踩到底线后进行追防 （4）其余队员直接进行防守，进行3对2	
运动技能 加速跑 转身 篮球技能 传接球 掩护 运球 投篮	（五）三人掩护配合训练（一） 1. 学习目标 通过熟悉战术配合，加强队员在比赛中的灵活运用 2. 活动设置 （1）3人一组分成攻防两队，打进后攻守转换。先进5球为一局 （2）①给③传球，随即给另一侧的②做掩护 （3）③抓时机给②传球 （4）②空切到篮下接球上篮	
	（六）三人掩护配合训练（二） 1. 学习目标 通过熟悉战术配合，加强队员在比赛中的灵活运用 2. 活动设置 （1）3人一组分成攻防两队，打进后攻守转换。先进5球为一局 （2）①传球给③后给②掩护 （3）②跑向罚篮线要球，如果没有拿球机会便接着往篮下跑 （4）与此同时，①向篮下跑动接球并完成上篮	

续表

技能分类	训练活动	训练图解
运动技能 加速跑 转身 篮球技能 传接球 掩护 运球 投篮	（七）三人掩护配合训练（三） 1.学习目标 通过熟悉战术配合，加强队员在比赛中的灵活运用 2.活动设置 （1）3人一组分成攻防两队，打进后攻守转换。先进5球为一局 （2）①把球传给③后给②掩护 （3）②跑向罚篮线要球后假投真传 （4）①虚晃摆脱防守队员后，向篮下反跑接球并上篮	
运动技能 加速跑 侧身跑 篮球技能 传接球 运球 投篮	（八）三人传切配合训练（一） 1.学习目标 通过熟悉战术配合，加强队员在比赛中的灵活运用 2.活动设置 （1）3人一组分成攻防两队，打进后攻守转换。先进5球为一局 （2）①给③传球后，向反方向摆脱防守队员 （3）摆脱成功后向③要球，并完成上篮	
	（九）三人传切配合训练（二） 1.学习目标 通过熟悉战术配合，加强队员在比赛中的灵活运用 2.活动设置 （1）3人一组分成攻防两队，打进后攻守转换。先进5球为一局 （2）①给③传球后，向反方向摆脱防守队员 （3）摆脱成功后向③要球，若没有机会接球，则溜底线到异侧 （4）②向下摆脱防守后，向上线要球，接球并完成投篮	
运动技能 加速跑 侧身跑	（十）中锋策应两人配合练习 1.学习目标 通过熟悉策应战术配合，加强队员在比赛中的灵活运用 2.活动设置 （1）后卫与中锋两人一组，后卫持球	

165

续表

技能分类	训练活动	训练图解
篮球技能 传接球 投篮	（2）①持球于三分线外45°位置，⑤上提罚篮线接①传球，①顺势返跑接⑤回传球进行上篮或跳投	
运动技能 加速跑 侧身跑 篮球技能 传接球 运球 投篮 控制球	（十一）4对4攻防练习 1.学习目标 通过进行攻防训练，提高队员的配合意识并加强队员在比赛中的灵活运用 2.活动设置 （1）4人一组分成攻防两队，打进后攻防转换 （2）双方围着教练员站成一圈，教练员于罚篮线投篮，抢到篮板球的一方为进攻方，防成与打进算一组，做3组	

第三节 篮球技术动作、战术配合与练习方法

为使队员的篮球技能向实战化靠近，现将相关篮球技术动作与战术配合及其练习方法加以介绍。一方面是帮助队员逐渐提升进阶篮球技能，另一方面也为年轻教练员在训练中提供必要的指导作为参考。

动作名称	动作方法	练习方法
反跑	队员假装向篮筐反方向走，当防守队员贴近时，突然加速反跑，接到队友传球后进行投篮或上篮	反跑上篮练习 两人一组，分别站于三分线外弧顶处和45°位置，弧顶位置队员负责保护球与传球，45°位置队员进行反跑后接球上篮。每人上进5组后互换位置，共10组
V形摆脱	无球队员被防守人压迫至外线后，慢慢走向低位进行对抗要位，而后迅速向外侧弹出要球，摆脱后接球可突破、投篮、传球	45°位置无球摆脱练习 三分线弧顶处站一人进行传球，其他队员站三分线45°位置。无球队员向下线慢慢移动，突然加速弹出至45°位置处，接球后进行投篮虚晃后运球上篮，上篮后抢篮板球。每人做10组

第六章　13~15岁年龄段篮球教学训练指导

续表

动作名称	动作方法	练习方法
三威胁	双膝略微弯曲，身体稍下蹲，双脚分开约与肩同宽，腰部要绷直，但是身体躯干需要有一些前倾。双手持球，触球部位为球的两侧偏后，头部向前，眼睛平视前方	三威胁练习 弧顶处放一个高栏架，从中圈位置跑至栏架前跳步急停接球，先假意投篮，然后顺步持球向右侧跨步，随即交叉步向左侧跨步，前转身持球顺步上篮，自行抢篮板回至队尾。每人做10次
原地跳投	重心由下往上，两腿蹬地，当起跳到空中后，球到最高点时将球投出，球出手后投篮手与辅助手随球向前，直至球碰触篮筐	原地抛球跳投练习 在罚篮线位置将球直抛弹起，等球下落时顺势向上去跳，接球后核心收缩，将球投出。5个位置均可进行投篮，可从近距离投篮到远距离投篮。每人每个位置进10球
接球急停跳投（跨步、跳步）	接球的同时，快速做急停动作，降低重心，将球持于投篮手一侧，紧接着将球贴近身体向上移动，身体重心迅速上升，并在跳到最高点的位置，伸臂、压腕、拨指，将球投出	三人两球强度投篮练习 培养队员在高强度移动中保持投篮动作，提高控制能力。通过循环练习的形式，每组做1分钟或2分钟强度投篮，记录投次和中次，中间歇2分钟，练习6~8组
抢防守篮板球	投篮出手后，先找到防守人，提前卡位，接触到对手后，立刻转身卡住进攻队员，占据有利位置后，再判断球落点起跳	抢篮板练习 两人一组，同时站于罚篮线两端，教练员在罚篮线投篮后，防守方卡位，挡抢篮板球，共做2组，每组5次，每人做5次后互换位置
行进间传接球	传球时，后腿蹬地，身体重心向前移动，同时两臂前伸，手腕由下向上翻转，同时拇指用力下压，食指、中指用力弹拨，将球传出。出球后手心和拇指向下，其余手指向前 接球时，面对来球，两臂自然伸出迎球，手指自然分开，两拇指成八字形，朝来球的方向。手指接触球的同时，两臂要随球缓冲，将球后引至胸前	侧身跑传接球训练 培养队员在快速运动中，将体能与技术训练相结合，保持手指、手腕的力量与手频步法速度，提高球员综合能力，可以通过间歇训练法，两人一组，练习8~10次
有球掩护（无球人给持球或运球人掩护）	有球掩护是给持球队员做掩护的挡拆配合，无球队员上前挡住防守人的移动路线后，随即转身切入；持球队员通过无球队员的掩护，顺利得到投篮空间或上篮时机	45°双人有球掩护练习 两人一组，外线队员在45°位置持球，示意内线队员上提掩护，随即运球顺势运球跳投。要求每人投进10球
反掩护	反掩护是进攻队员传球给同伴后，向相反的方向跑动，给同伴进行掩护，使之能有效进攻或摆脱对手。被掩护的队员可先做一些假动作，以吸引对手，并主动靠近对方，使对手不易摆脱掩护	半场传球反掩护战术练习 3人一组，分别站于三分弧顶处、左右两侧45°位置，中间队员持球，传球后给翼侧队员做无球掩护，连续配合后，翼侧传导下顺，对侧持球队员传球给翼侧下顺队员，随即上篮。要求每人上篮5次

167

续表

动作名称	动作方法	练习方法
连续掩护	连续掩护是外线球员持球后，锋线队员上提掩护，外线队员借掩护向下走，如无法摆脱防守人时，锋线球员再进行掩护后下顺接球上篮，或者外线球员借二次掩护运球上篮或急停跳投	**连续掩护战术练习** 3人一组，弧顶处传球，外线队员接球弹出，持球于右侧45°，锋线队员连续两次掩护后转身下顺，外线队员击地传球上篮。每人进球5次后轮换位置，一组5次，做2组
双掩护	双掩护是两名队员同时给一个在固定位置上的同伴掩护的配合方法，一般是给无球队员作掩护。掩护时，两名队员可以一个在防守者后面，一个在防守者侧面，也可以同时站在侧面，或者是同时站在一起，挡住防守者，使同伴借助人墙摆脱防守队员	**双掩护战术练习（牛角战术）** 持球队员站于三分线弧顶处，端线两侧队员同时上提罚篮线进行掩护，持球队员可选择任意一侧进行突破，若遇队员防守可进行突分。要求选择正确掩护位置，掌握最佳掩护时间。3人一组，打进防成算一组，做5组
策应	策应是指处于内线的队员背对或侧对球篮接球，由其做枢纽，与外线队员的空切相配合而形成的一种里应外合的配合方法	**半场策应配合练习** 两人一组，左侧45°位置站一列，右侧限制区边线位置站一列。下线队员上提至罚篮线，上线球员先向左虚晃后，再向右侧绕切接球，下线队员策应传球后转身下切，上线队员可投篮或传球。要求每组进5球，进球后换防
防守掩护（挤、穿、绕、大小延误、交换防守）	防守掩护是针对进攻掩护配合的一种配合，其形式主要有挤过、绕过、穿过、大延误、小延误、交换防守等，主要用来破坏挡拆配合、制约对手	**半场2对1挤过练习** 3人一组，两人为进攻方，一人为防守方，一人弧顶持球，队友从下线上提至防守人处进行掩护，防守人迅速挤过对手，扰乱持球方投篮。每人5次，随即轮换位置进行练习
体侧传球	两脚平行开立，双手持球于胸腹之间；传球时，左脚向左跨步的同时将球移至右手并引到身体右侧；出球前一刹那，持球手的拇指在上，手心向前，手腕后屈；出球时，前臂向前做弧线摆动，当球摆过右前方时，迅速收前臂；手腕前屈，食指、中指用力拨球，将球传出	**行进间体侧传球练习** 两人一组，从右侧开始，由内向外传球，传至对侧靠近篮筐处上篮，随即往返做回。要求每人上篮10次
传切	传切配合是队员之间运用传球与空切的一种战术配合方法，具体可分为两种，第一种是队员传球后，立即切入接回传球进攻；第二种是队员传球后，其他队员空切接球进攻	**三人传切配合训练（三）** 培养球员在比赛中配合时机，配合意识，配合能力和应变能力的训练与提高，强调假动作与变化，提高配合的质量，10次为一组，进行3~4组

续表

动作名称	动作方法	练习方法
突分	突分配合是持球队员突破后,利用传球与同伴配合的方法,需要队员在场上随机应变的能力。在突破过程中首先要做好投篮的准备,又要随时观察场上攻守队员的位置和行动,以便及时、准确地传球。突破动作要突然、快速。其他进攻队员要掌握时机及时跑到有利的进攻位置接球	**突分传球训练** 通过快速移动分球练习,加强球员躯干的稳定性与身体协调性。通过间歇训练法,一组一组进行,中间间歇,多组进行。3~4次为一组,进行5~6组
中锋要位	中锋要位是指把对方卡在自己身后,用自己的身体去挡住对方防守人,从而获得得分机会的一种方式	**传接球要位训练** 可以培养队员身体对抗能力,通过循环训练法,中间适当间歇,多组进行。5次为一组,进行5~6组

附 录
篮球训练计划（3~15 岁）

篮球训练计划设计以培养篮球素养为目标，以篮球基本动作模式、技术动作和体能学习为手段，教学开始就明确学习主题，充分激发队员学习兴趣，热身活动采用游戏化方式吸引队员积极参与，动态拉伸强调基本动作模式学习和熟练，篮球基础"课课练"突出篮球基本技术动作的学习和掌握，团队合作竞赛采用简化篮球比赛的方式组织队员体验实战，包括简化规则、变化场地、简易器材、参与人数、限制技术、特殊要求等，最后通过团队收球方式培养团结协作意识。每个训练计划（以 60 分钟为例）可以适用于不同年龄段，可以根据不同年龄段的身体素质和技战术水平提出不同的要求。

篮球训练计划（一）

训练目标	培养参与篮球运动的积极性，认识篮球场地，提升抛接球准确性		
参与队员和所需器材	至少 4 人，每人 1 个篮球		
活动	时间（分钟）	教学内容	要求
课堂常规	3	1. 圆形队伍整队，培养良好身体姿态习惯 2. 介绍训练目标 3. 强调激励、积极态度的重要性 4. 全体聚集，在圆圈中间拍手，大喊"1、2、3 加油"	集合时身体正直 认真听讲 相互激励
热身活动	7	1. 介绍篮球场地 2. 听到教练员喊出的球场区域或线时，快速跑向球场区域或线	快速跑动 到达指定位置相互拉手
动态拉伸	2	横半场慢走半蹲、弓步压腿、体前屈触脚尖、单脚站立伸臂、高抬腿	模仿老师动作 保持平衡
饮水	1		
篮球基础训练	5	手指抓球、手指控球环绕	听教练员指令练习 眼睛看球 控制好球
	7	自己抛接球或抛球—击掌—接球	眼睛看球 接球后保护好球
	7	两人抛接球（教练员参与抢球）	眼睛看球 接球时给同伴信号 接球后保护好球
	7	游戏：交通灯运、滚球	拍球或滚球在自己控制范围内 停球双手持球保护球
饮水	1		
团队合作竞赛	13	规定区域 3 传 1 抢游戏	3 人保持距离 持球人不能拿球跑 同伴要移动找位置 不能拉人、抱人
团队收球	2	分两组中线后站立，每人 1 个篮球，听到口令拿球跑到端线，把球放入口袋，返回拍同伴肩部，依次进行，先返回的队伍获胜	不能抢跑 球必须放入口袋 遵守规则
放松与小结	5	1. 静力拉伸：分腿坐位体前屈、分腿站立体前屈 2. 圆圈集合，在圆圈中间拍手，大喊"加油" 3. 复习今天学习的内容 4. 布置课后作业：积极态度是什么？篮球起源是什么？	拉伸全力 相互激励

篮球训练计划（二）

训练目标	培养体育精神，认识篮球场地，保护球		
参与队员和所需器材	至少4人，每人1个篮球		
活动	时间（分钟）	教学内容	要求
课堂常规	3	1. 圆形队伍整队，培养良好身体姿态习惯 2. 介绍训练目标 3. 提问"如何理解积极态度"；强调体育精神的内涵 4. 全体聚集，在圆圈中间拍手，大喊"1、2、3加油"	集合时身体正直 认真听讲 相互激励
热身活动	7	1. 介绍篮球场地 2. 听到教练员喊出的球场区域或线时，2人拉手快速跑向球场区域或线	快速跑动前找同伴 到达指定位置相互拉手
动态拉伸	2	横半场慢走半蹲、弓步压腿、体前屈触脚尖、单脚站立伸臂	模仿教练员动作 保持平衡
饮水	1		
篮球基础训练	5	自己抛接球或抛球—击掌—接球	眼睛看球 接球后保护好球
	7	一人持球，一人抢球触摸球	持球人保护好球 抢球人不允许碰持球人身体
	7	两人抛接球（教师参与抢球）	眼睛看球 接球时给同伴信号 接球后保护好球
	7	游戏：交通灯运球	运球在自己控制范围内 停球双手持球保护球
饮水	1		
团队合作竞赛	13	规定区域3传1抢游戏	3人保持距离 持球人不能拿球跑 同伴要移动找位置 不能拉人抱人
团队收球	2	分两组中线后站立，每人1个篮球，听到口令拿球跑到端线，中间拍球至少1次，把球放入口袋，返回拍同伴肩部，依次进行，先返回的队伍获胜	不能抢跑 球必须放入口袋 遵守规则
放松与小结	5	1. 静力拉伸：直腿坐位体前屈、直腿站立体前屈 2. 圆圈集合，在圆圈中间拍手，大喊"加油" 3. 复习今天学习的内容 4. 布置课后作业：如何展示体育精神	拉伸全力 相互激励

篮球训练计划（三）

训练目标	培养团队合作，三威胁保护球，传接球		
参与队员和所需器材	至少4人，每人1个篮球		
活动	时间（分钟）	教学内容	要求
课堂常规	3	1. 圆形队伍整队，培养良好身体姿态习惯 2. 介绍训练目标	
课堂常规	3	1. 提问"如何展示体育精神"，强调团队合作的作用 2. 全体聚集，在圆圈中间拍手，大喊"1、2、3 加油"	集合时身体正直 认真听讲 相互激励
热身活动	7	沿篮球场地线追逐跑 一人担任追逐者沿线追逐，其余人沿线躲避	只能沿线追逐和躲避 被摸到成为追逐者
动态拉伸	2	横半场持球慢走手指压球、球触脚尖、三威胁姿势、转身	模仿教练员动作 保持平衡
饮水	1		
篮球基础训练	7	两人传接球 介绍击地、头上和胸前传接球	两人距离3m 传球伸臂、接球手掌面向同伴
	5	一人持球，一人抢球触摸球	持球人保护好球 抢球人不允许碰持球人身体
	7	三人合作传球（3人脚同时踩对面边线，并同时双手触球）	3人保持3m距离 不能带球跑 每人轮流接球
	7	三人固定位置传球比多	3人脚不能移动 大声喊出传球次数 球丢失重新计算
饮水	1		
团队合作竞赛	13	3传1抢游戏	3人保持距离 持球人不能拿球跑 同伴要移动找位置 防守不能拉人抱人
团队收球	2	分两组中线后站立，每人1个篮球，听到口令拿球跑到端线，中间拍球至少2次，把球放入口袋，返回拍同伴肩部，依次进行，先返回的队伍获胜	不能抢跑 球必须放入口袋 遵守规则
放松与小结	5	1. 静力拉伸：跨栏坐前屈、站立体前屈 2. 圆圈集合，在圆圈中间拍手，大喊"加油" 3. 复习今天学习的内容 4. 布置课后作业：举例说明何为团队合作？助攻是什么？	拉伸全力 相互激励

篮球训练计划（四）

训练目标	培养尊重，三威胁保护球，投篮		
参与队员和所需器材	至少4人，每人1个篮球		
活动	时间（分钟）	教学内容	要求
课堂常规	3	1. 圆形队伍整队，培养良好身体姿态习惯 2. 介绍训练目标 3. 提问"如何理解团队合作"，强调队友和教练员相互尊重 4. 全体聚集，在圆圈中间拍手，大喊"1、2、3加油"	集合时身体正直 认真听讲 相互激励
热身活动	7	分散半场，保持一定距离，传球后快跑触摸边线或端线，返回与同伴换位置	接球向同伴举手示意 接球成三威胁姿势
动态拉伸	2	横半场持球慢走大跨步、球触脚尖、三威胁姿势、转身	模仿教练员动作 保持平衡
饮水	1		
篮球基础训练	7	一人三威胁持球，一人抢球触摸球 两人传接球	持球人保护好球 抢球人不允许碰持球人身体
	5	学习投篮 三威胁姿势、举球、投篮	保持身体平衡 模仿教师动作
	7	两人一组相对向空中抛球投篮	3人保持3m距离 听教练员口令练习 投篮要有弧度
	7	分组投篮练习 （低年龄组家长举呼啦圈为篮圈）	在教练员规定位置投篮 投中与同伴击掌欢呼
饮水	1		
团队合作竞赛	13	3传1抢投篮游戏 家长高举呼啦圈做篮圈	3人保持距离，选择合适时机投篮 持球人不能拿球跑 同伴要移动找位置 不能拉人抱人
团队收球	2	分两组中线后站立，每人1个篮球，听到口令拿球跑到端线，中间拍球至少3次，把球放入口袋，返回拍同伴肩部，依次进行，先返回的队伍获胜	不能抢跑 球必须放入口袋 遵守规则
放松与小结	5	1. 静力拉伸：跨栏坐前屈、站立体前屈 2. 圆圈集合，在圆圈中间拍手，大喊"加油" 3. 复习今天学习的内容 4. 布置课后作业：举例说明如何展示尊重？CBA得分王是谁？	拉伸全力 相互激励

篮球训练计划（五）

训练目标	培养领导力，三威胁保护球，运球
参与队员和所需器材	至少4人，每人1个篮球

活动	时间（分钟）	教学内容	要求
课堂常规	3	1. 圆形队伍整队，培养良好身体姿态习惯 2. 介绍训练目标 3. 提问"如何理解尊重"，强调树立榜样以身作则 4. 全体聚集，在圆圈中间拍手，大喊"1、2、3加油"	集合时身体正直 认真听讲 相互激励
热身活动	7	两人自由移动传接球，分散半场，保持一定距离，传球后跑动，接球成三威胁姿势	传球后移动 接球成三威胁姿势 注意不要撞到别人
动态拉伸	2	横半场慢走自抛球成三威胁姿势、转身、传球动作、举球动作	模仿老师动作 保持平衡
饮水	1		
篮球基础训练	7	两人一组相对沿线向空中投篮	投篮要有弧度，球落到线上
	5	学习运球 三威胁姿势，手心空出，运球	保持身体平衡 模仿教练员动作
	7	两人一组相互运球抢球	运球持球不超过2秒 不能拿球走
	7	分组投篮练习 （低年龄组家长举呼啦圈为篮圈）	在教练员规定位置投篮 投中与同伴击掌欢呼
饮水	1		
团队合作竞赛	13	4传2抢投篮游戏 家长站凳子上高举呼啦圈做篮圈	4人保持距离，选择合适时机投篮 持球人不能拿球跑 同伴要移动找位置 不能拉人抱人
团队收球	2	分两组中线后站立，每人1个篮球，听到口令运球到端线，中间允许双手持球3次，把球放入口袋，返回拍同伴肩部，依次进行，先返回的队伍获胜	尽可能运球 球必须放入口袋 遵守规则
放松与小结	5	1. 静力拉伸：跪姿两臂前伸、深蹲 2. 圆圈集合，在圆圈中间拍手，大喊"加油" 3. 复习今天学习的内容 布置课后作业：举例说明如何展现领导力？CBA球星有哪些？	拉伸全力 相互激励

篮球训练计划（六）

训练目标	培养情绪控制，投篮，运球		
参与队员和所需器材	至少4人，每人1个篮球		
活动	时间（分钟）	教学内容	要求
课堂常规	3	1. 圆形队伍整队，培养良好身体姿态习惯 2. 介绍训练目标 3. 提问"如何理解领导力和榜样作用"，强调情绪控制是健康表现 4. 全体聚集，在圆圈中间拍手，大喊"1、2、3加油"	集体时身体正直 认真听讲 相互激励
热身活动	7	沿线运球 轮流担任领导者，带领大家沿线运球	模仿带头人运球方式练习 运球抬头
动态拉伸	2	横半场慢走双手上举球振臂、双手侧举球转体、双手举球压腿、双手举球体前屈	模仿教练员动作 保持平衡
饮水	1		
篮球基础训练	7	运球抓人 教师担任抓人者，其余人在半场内运球	运球抬头，避免相撞 球丢失运球拿起球继续
	5	交通灯运球 从端线启动，看教师举旗演示，进行原地运球和加速运球	运球在自己控制范围内 停球双手持球保护球
	7	两人一组相互运球抢球 两人沿线相对投篮	运球持球不超过2秒 不能拿球走 投出的球落到线上
	7	分组投篮练习 （低年龄组家长举呼啦圈为篮圈）	在教练员规定位置投篮 投中与同伴击掌欢呼
饮水	1		
团队合作竞赛	13	4传2抢投篮游戏 家长站凳子上高举呼啦圈做篮圈	4人保持距离，选择合适时机投篮 持球人不能拿球跑 同伴要移动找位置 不能拉人抱人
团队收球	2	分两组中线后站立，每人1个篮球，听到口令运球到端线，中间允许双手持球3次，把球放入口袋，返回拍同伴肩部，依次进行，先返回队伍获胜	尽可能运球 球必须放入口袋 遵守规则
放松与小结	5	1. 静力拉伸：跪姿两臂前伸、深蹲圆圈 2. 集合，在圆圈中间拍手，大喊"加油" 3. 复习今天学习的内容 4. 布置课后作业：举例说明如何控制自己情绪	拉伸全力 相互激励

篮球训练计划（七）

训练目标	培养积极态度，运球上篮
参与队员和所需器材	至少4人，每人1个篮球

活动	时间（分钟）	教学内容	要求
课堂常规	3	1. 圆形队伍整队，培养良好身体姿态习惯 2. 介绍训练目标 3. 提问"如何理解情绪控制"，强调积极态度是成功关键 4. 全体聚集，在圆圈中间拍手，大喊"1、2、3加油"	集合时身体正直 认真听讲 相互激励
热身活动	7	运球抓尾巴 每人后背短裤外别1块手巾，相互运球抢别人背后手巾，同时避免被人抢到	尽量运球 运球技术稍弱的队员允许把球拿起再次运球
动态拉伸	2	横半场慢走正踢腿、四肢爬行、最伟大拉伸、弓步旋转	模仿教练员动作 保持平衡
饮水	1		
篮球基础训练	5	跨步起跳击掌 站立指定位置，上1、2步起跳与教练员举起手起跳击掌	按教练员节奏起跳 起跳后全力与教练员击掌
	7	原地持球跨步起跳向上抛球 拿教练员手中球跨步起跳向上抛球	控制好跨步节奏 向上抛球动作模拟投篮
	7	五星传接球	队员相互呼应 传球后快速跑到队尾
	7	规定时间内比投篮进球数	在指定距离投篮 投篮后自抢篮板球 投中大声喊出命中数
饮水	1		
团队合作竞赛	13	4传2抢投篮游戏 家长站凳子上高举呼啦圈做篮圈	4人保持距离，选择合适时机投篮 持球人允许运球1次 同伴要移动找位置 不能拉人抱人
团队收球	2	分两组中线后站立，每人1个篮球，听到口令运球到端线，把球放入口袋，返回拍同伴肩部，依次进行，先返回队伍获胜	尽可能运球 球必须放入口袋 遵守规则
放松与小结	5	1. 静力拉伸：弓步转体拉伸、跪姿后仰 2. 在圆圈中间拍手，大喊"加油" 3. 复习今天学习的内容 4. 布置课后作业：谈谈你对积极态度的理解	拉伸全力 相互激励

篮球训练计划（八）

训练目标	培养团队合作，传接球、上篮		
参与队员和所需器材	至少 4 人，每人 1 个篮球		
活动	时间（分钟）	教学内容	要求
课堂常规	3	1. 圆形队伍整队，培养良好身体姿态习惯 2. 介绍训练目标 3. 提问"如何理解积极态度"，强调团队合作是篮球运动的核心 4. 全体聚集，在圆圈中间拍手，大喊"1、2、3 加油"	集合时身体正直 认真听讲 相互激励
热身活动	7	看教练员指示跑动模仿 根据教练员指示方向前后左右移动，模仿教练员动作	先慢速跑逐渐加快速度 跑动同时喊出移动方向和动作名称
动态拉伸	2	横半场慢走正踢腿、四肢爬行、最伟大拉伸、弓步旋转	模仿教练员动作 保持平衡
饮水	1		
篮球基础训练	5	五星传接球	5 人保持 3m 距离
	7	3 传 2 抢游戏	3 人保持距离，移动给同伴良好的传球空间
	7	接同伴传球上篮	上篮高跳 投篮出手柔和
	7	运球上篮比赛	上篮后自抢篮板球传球给同伴，投篮不中补中，投中大声喊出命中数
饮水	1		
团队合作竞赛	13	4 传 2 抢投篮游戏 家长站凳子上高举呼啦圈做篮圈	4 人保持距离，选择合适时机投篮 持球人允许运球 1 次 同伴要移动找位置 不能拉人抱人
团队收球	2	分两组中线后站立，每人 1 个篮球，听到口令运球到端线，把球放入口袋，返回拍同伴肩部，依次进行，先返回队伍获胜	尽可能运球 球必须放入口袋 遵守规则
放松与小结	5	1. 静力拉伸：弓步转体拉伸、跪姿后仰 2. 圆圈集合，在圆圈中间拍手，大喊"加油" 3. 复习今天学习的内容 4. 布置课后作业：谈谈你比赛中如何团结同伴	拉伸全力 相互激励